吸引力法则

如何利用心理暗示实现愿望

Ask and It Is Given
Learning to Manifest Your Desires

[美] 埃斯特·希克斯　[美] 杰里·希克斯——著　邓育渠——译
Esther Hicks　　　　Jerry Hicks

Ask and It Is Given: Learning to Manifest Your Desires by Esther & Jerry Hicks
Copyright © 2004 by Esther & Jerry Hicks
English language publication 2004 by Hay House, Inc., California, USA

The simplified Chinese translation rights arranged through InterLicense, Ltd. and Rightol Media（本书中文简体版权经由锐拓传媒取得 Email:copyright@rightol.com）

© 中南博集天卷文化传媒有限公司。本书版权受法律保护。未经权利人许可，任何人不得以任何方式使用本书包括正文、插图、封面、版式等任何部分内容，违者将受到法律制裁。

著作权合同登记号：图字 18-2024-049

图书在版编目（CIP）数据

吸引力法则：如何利用心理暗示实现愿望 /（美）埃斯特·希克斯（Esther Hicks），（美）杰里·希克斯（Jerry Hicks）著；邓育渠译. -- 长沙：湖南文艺出版社，2024.5（2025.4 重印）
书名原文：Ask and It Is Given: Learning to Manifest Your Desires
ISBN 978-7-5726-1718-8

Ⅰ．①吸… Ⅱ．①埃… ②杰… ③邓… Ⅲ．①自我暗示－通俗读物 Ⅳ．① B842.7-49

中国国家版本馆 CIP 数据核字（2024）第 069793 号

上架建议：畅销·心理励志

XIYINLI FAZE: RUHE LIYONG XINLI ANSHI SHIXIAN YUANWANG
吸引力法则：如何利用心理暗示实现愿望

著　　者：[美]埃斯特·希克斯、[美]杰里·希克斯
译　　者：邓育渠
出 版 人：陈新文
责任编辑：张子霏
监　　制：董晓磊
策划编辑：鞠　素
特约编辑：张　雪
营销编辑：木七七七_
版权支持：张雪珂
版式设计：李　洁
封面设计：八牛书装设计
内文排版：百朗文化
出　　版：湖南文艺出版社
　　　　　（长沙市雨花区东二环一段 508 号　邮编：410014）
网　　址：www.hnwy.net
印　　刷：北京嘉业印刷厂
经　　销：新华书店
开　　本：875 mm × 1230 mm　1/32
字　　数：221 千字
印　　张：9.25
版　　次：2024 年 5 月第 1 版
印　　次：2025 年 4 月第 2 次印刷
书　　号：ISBN 978-7-5726-1718-8
定　　价：59.80 元

若有质量问题，请致电质量监督电话：010-59096394
团购电话：010-59320018

赞 誉

一言以蔽之,这是我读过的最有力量的书之一。本书的内容可以改变人的一生。全书充满了爱!本书是生命的宝藏。

——尼尔·唐纳德·沃尔什(Neale Donald Walsch),
著有《与神对话》(Conversations with God)

十年来,我一直是这些指导的忠实粉丝。这些指导让我和家人受益良多。

——克里斯蒂安·诺斯鲁普(Christiane Northrup, M.D.),
著有《女人的身体,女人的智慧》(Women's Bodies, Women's Wisdom)

《吸引力法则:如何利用心理暗示实现愿望》这本书最有价值的一点是,它为我们提供了实现目标的22种不同的有效方法。无论我们身处何种境遇,都有一种方法能够让我们的生活变得更美好。我爱这本书,我爱埃斯特·希克斯和杰里·希克斯!

——露易丝·海(Louise L. Hay),
著有《生命的重建》(You Can Heal Your Life)

这是一本很棒的书!多年来,我和妻子一直很喜欢这些深刻而又极其实用的指导。我们相信你们也会从中受益。我们向所有朋友推荐这本书!

——约翰·格雷(John Gray, Ph.D.),
著有《男人来自火星,女人来自金星》
(Men Are from Mars, Women Are from Venus)

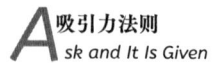

……出版界的里程碑……你们将会有幸接触到那些一直与本源能量相连的人，了解他们的想法。此外，他们所使用的语言简单易懂，并能立即付诸实践。这些声音无异于为你提供了一张蓝图，帮助你理解和实现自己的命运。

——韦恩·戴尔（Dr. Wayne W. Dyer），
著有《你的误区》（*Your Erroneous Zones*）

希克斯夫妇的指导使我在清晰度、自信、目标和情感上达到了一个全新的高度。我不断地学习这些思想，并尽可能地把它们推荐给每一个人。这些指导是我所见过的最强大、最具变革性的指导之一。如果你践行这些指导，生活就会焕然一新，你将变得无比幸福。

——艾伦·科汉（Alan Cohen），
著有《生命深呼吸》（*A Deep Breath of Life*）

这些指导极其深刻，并且简单实用，能让你重新相信自己的内在导航，并让你踏上最令人振奋的探险之旅。《吸引力法则：如何利用心理暗示实现愿望》是自我提升和快乐生活的地图。

——杰克·坎菲尔德（Jack Canfield），
著有《吸引力法则》（*Jack Canfield's Key to Living the Law of Attraction*）

在长期的阅读生涯中，我发现这是关于显化的最佳图书之一。这本书以如此接地气的方式阐明深刻的道理，让我十分欣赏！它的基调别具一格，充满了支持、关爱和积极的力量。我要把此书送给我认识的每一个人。我喜欢并强烈推荐此书。

——朵琳·芙秋（Doreen Virtue, Ph.D.），
著有《食物与情绪》（*Constant Craving*）

为了获得觉悟和幸福，人们提出了各种问题，我在本书中对这些问题进行了回答。这本书献给这些提出问题的人，也献给我们三位可爱的孩子——劳雷尔（5岁）、凯文（3岁）和凯特（2岁），他们是践行本书教学内容的楷模，尚未向我提出任何问题，因为他们从未忘记。

我们要将这些指导特别献给露易丝·海，她对"幸福"的原则充满求知欲，并希望将这些原则传播到全世界，她请求我们撰写这本内容丰富的书，介绍这些指导。

目 录

推荐序 /001
序 言 /004

上篇

第一章 良好的当下感受，赋予你力量 /002
第二章 认识本我 /004
第三章 你创造了自己的现实 /007
第四章 如何从原点抵达目的地 /011
第五章 简单的认知基础，就能使万物和谐 /016
第六章 吸引力法则是宇宙中最强大的法则 /019
第七章 你站在思想的前沿 /026
第八章 你是磁场发射器，也是接收器 /031
第九章 情绪反应背后的隐藏价值 /035
第十章 三个步骤让你成为、做到、拥有渴望的一切 /038
第十一章 通过练习，你将成为快乐的自主创造者 /044
第十二章 你控制着自己的情绪设定值 /050
第十三章 让感受来导航 /055
第十四章 你诞生之前就已经知道的事情 /061
第十五章 你与世界都是完美并不断扩展的 /066
第十六章 你在共同创造这个美妙的多样化宇宙 /068

第十七章	你在哪里，你要去哪里？	/075
第十八章	逐渐改变你的磁场频率	/079
第十九章	只有你才能知道自己的感受	/082
第二十章	阻碍他人的自由，会让自己失去自由	/086
第二十一章	17秒激活磁场，68秒开始显化	/096
第二十二章	情绪导航量表的不同量值	/099

下篇

第二十三章	22个经过验证的吸引点改善方法	/112
第二十四章	你戴上快乐的面具了吗	/117
方法1	欣赏狂潮	/124
方法2	魔法创造盒	/132
方法3	创意工作坊	/137
方法4	虚拟现实	/149
方法5	财务自由的游戏	/158
方法6	冥想的方法	/163
方法7	评估梦境	/172
方法8	积极面之书	/178
方法9	撰写脚本	/185
方法10	餐桌纸垫的方法	/189
方法11	区段性意图	/194
方法12	积极假设	/202

方法 13 哪种想法感觉更好　　　　　　　/207
方法 14 化乱为净　　　　　　　　　　　/214
方法 15 钱包充盈　　　　　　　　　　　/220
方法 16 转变关注　　　　　　　　　　　/224
方法 17 聚焦之轮　　　　　　　　　　　/232
方法 18 寻找感受点　　　　　　　　　　/243
方法 19 释放抵抗，摆脱债务　　　　　　/247
方法 20 把它交给主管　　　　　　　　　/254
方法 21 恢复自然的健康状态　　　　　　/257
方法 22 改善情绪导航量表值　　　　　　/265

结　语　　　　　　　　　　　　　　　　/275
词汇表　　　　　　　　　　　　　　　　/276
作者简介　　　　　　　　　　　　　　　/279

推荐序

韦恩·戴尔
（畅销书《你的误区》作者）

你现在翻阅的这本书包含了当今世界上最具力量的指导。本书中传递的信息，以及在过去 18 年里，埃斯特和杰里通过磁带进行的教学，一直深深地触动并影响着我。事实上，当他们邀请我为这本书写一个简短的序言时，我深感荣幸，我认为这是出版界的里程碑。这是一本独特的图书——你们将会有幸接触到那些一直与本源能量相连的人，了解他们的想法。此外，他们所使用的语言简单易懂，并能立即付诸实践。这些声音无异于为你提供了一张蓝图，帮助你理解和实现自己的命运。

首先我觉得，如果你还没有准备好阅读并实践这些伟大的智慧，那么我建议你在接下来的几个星期里随身携带这本书。让本书蕴含的能量穿透你身心潜在的抵抗，与你无形无边的内心世界产生共鸣。人们通常认为这个无形无边的世界就是自己的灵魂，而他们则称之为与本源进行连接的磁场。

这是一个磁场振动的宇宙。爱因斯坦曾经说过："除非有东西在运动，否则什么都不会发生。"也就是说，万事万物都在以某种特定

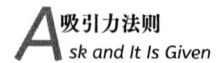

的可测量频率振动。人们发现，把物质世界不断分解成更小的组成部分，看似固态的东西其实一直在跳舞——这是粒子和空间所进行的舞蹈。进一步观察最微小的量子粒子，你会发现，它来自振动速度极快的本源，乃至于模糊了开始和结束的界限。这种高强度的快速能量就是本源能量。我们所有人，以及万事万物都起源于这种振动磁场，这种磁场演变成各种事物、身体、思想和自我的世界。正是由于我们的身心脱离了这种本源能量，我们的世界才出现种种问题、疾病、匮乏和恐惧。

从本质上讲，这些指导旨在帮助你们全方面回归本源——万物来自本源，也回归本源。拙著《念力的力量》（The Power of Intention）提到过这种本源能量的某些性质。然而，因为能够与本源进行100%的连接，而且完全相信这种连接，所以，这些指导能够为你提供这种启迪性智慧——本书的所有段落都彰显了这一点。因此，我称这本书为"出版界的里程碑"。

你将直接、有意识地接触到一群诚实、没有废话的人，他们只为你的幸福着想。他们会提醒你，你来自幸福的本源，你可以召唤更高的磁场能量，让这种能量畅通无阻地渗透到你生活的方方面面；如果你抵抗这种能量，就会与全能至爱的幸福本源失去连接。

本书传达的信息令人惊骇，但也非常简单——你来自爱与幸福的本源。当你与和平和爱的能量步调一致时，就会重获本源的力量——这是一种显化愿望，召唤幸福，并在匮乏之处吸引富足的力量，它能使你获得指引，从而具备天时地利人和的条件。这就是你的本源所能做到的，既然你来自本源，那么你也能够，并且将会做到这一点。

我曾与埃斯特和杰里共进晚餐，所以我可以直截了当地告诉你们，埃斯特和杰里是我所遇到的最真诚的灵性至纯之人，在他们的指引下，你即将踏上一段脱胎换骨的旅程。埃斯特·希克斯和杰里·希克斯怀着敬畏之心将这些指导带给你，就像我怀着敬畏之心写这篇序言一样。

我鼓励大家认真阅读这些文字，并付诸实践。本书总结了我多年来的一个观察："当你改变观察事物的方式时，你所观察的事物也会随之改变。"你很快就会看到，一个全新的世界将出现在你的面前。这个世界是由本源能量创造的，这种能量希望你与它重新进行连接，并过上快乐幸福的生活。

谢谢你，让我有机会为这本珍贵的书写上几句话。

我爱你们，爱你们所有人。

序 言

杰里·希克斯

当我提笔开始写这篇序言时,阳光正洒满马里布海岸线。在这个清晨,太平洋一片湛蓝,似乎正在匹配我所感受到的深深喜悦——我正在想象你们即将受益于从本书获得的启迪。《吸引力法则:如何利用心理暗示实现愿望》介绍的无疑是宇宙对我们的"祈求"做出的回应。这本书主要介绍如何满足自身的祈求,首度用如此清晰的术语为我们勾勒出简单实用的方法,告诉我们如何祈求并获得我们想要成为的、想要做到的、想要拥有的一切。

几十年前,当我为"祈求"的奥秘上下求索,希望找到一个合理的答案时,我发现了"不可言喻"(ineffable,意思是"无法用语言表达")这个词。"不可言喻"与我对"祈求"得出的结论不谋而合。我认为,我们越是接近对"非物质体"的认识,就越无法用语言来清晰地表达"祈求"。因此,任何彻底认知的状态,都是不可言喻的状态。换句话说,在我们的时空现实中,人们无法用自然语言来清晰地表述"非物质体"。

纵观物质世界的历史,我们已经演化出无数哲学、宗教、观点和信仰。虽然有无数的思想家不断思考、总结,并将他们的信仰传

序言

递给下一代，但我们无法（至少没有在语言上达成共识）用自然语言来表述非物质体。

请注意，由于埃斯特并不是总能用自然的英语词汇完美地表达自己接收到的思想，有时候，她会创造出新的单词组合，也会用独特的方式使用标准词汇（例如，在通常不需要大写的情况下大写），以表达看待人生的新方式。为此，我们在本书后面编写了一个简短的词汇表，以阐释我们对一些常用词的不常见用法。换句话说，"幸福"（well-being）是一个常用词，意思是快乐、健康或富足的状态。但作为独特的哲学基础，这个词就被写成幸福（大写，Well-Being）。它与更广泛的、普遍的非物质幸福相关，只要我们没有主动将其扼杀，它就会自然而然地在我们每个人的内心流淌。〔另外，在本书中，我们还会新造一些词，例如"overwhelment"（不堪重负的）或"endedness"（终结性）。你在任何词典中都无法查到这些词，但它们的含义非常明显。我们在初次使用的时候，会用引号标出。〕

自 1989 年以来，我和埃斯特每年都会访问大约 50 座城市，举办研讨会，与会者可以就任何话题进行讨论或提问，我们不设任何讨论禁区。无数人纷至沓来：他们来自不同的种族，从事不同的职业，具有不同的哲学背景……所有人都希望以某种方式提升生活品质，能够直接让自己获益，或者间接地使他人受益。对另外一些提出更多要求的人，埃斯特已经做出了回应。

有些人像你们一样，希望了解更多的信息，为了回应这些人，我们将这种幸福哲学演绎成此书。

这些指导的核心是宇宙中最强大的法则——吸引力法则。在过去的十来年中，我们在季刊《自主创造的技术》（*The Science of Deliberate Creation*）中发表了许多指导，并通过回答学员在我们举

005

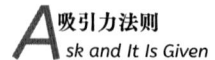

办的"顺应的技术"工作坊（Art of Allowing Workshops）上提出的问题，重点介绍了一些最新观点。因此，随着越来越多的人向我们提出最新的问题和观点，这一理念也在不断发展。

本书为大家提供了一门实用的灵性实践课程。从广义上讲，这是一本具有实操性的图书，也就是说，它指导大家如何拥有让自己愉悦的一切，并避免令自己不悦的一切。

上 篇

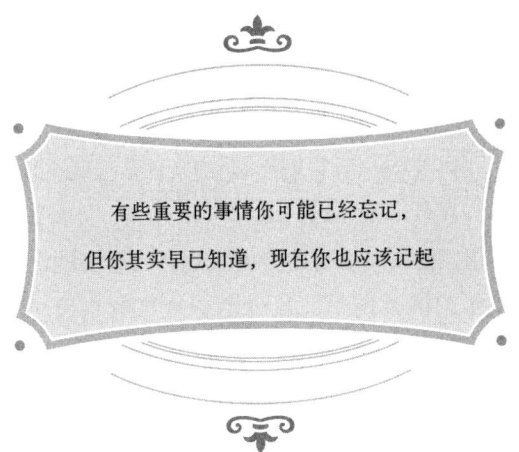

有些重要的事情你可能已经忘记，
但你其实早已知道，现在你也应该记起

第一章
良好的当下感受,赋予你力量

我们强烈地希望,无论你身在何处,都能对当下的处境感到满意。我们知道,如果你现在的处境与自身期望相差甚远,一定会觉得这些话很奇怪。但我们绝对向你承诺,当你明白在当下拥有良好感受所具有的力量时,无论发生什么,你都拥有一把万能钥匙,在生存、健康、财富等方面实现自己想要的状态。

本书是专门为你所写,让你更好地了解自己,了解周围的人。你可能会发现其中有些内容对你很有帮助,但纸上谈兵并不能真正起到教化的作用。真正的知识来自亲身的体验。虽然你会不断地积累经验和知识,但你的人生并不限于此——人生需要成就感、满足感和快乐。你的人生就是要不断地表达真正的自我。

◆ 只有准备好了,你才能聆听

我们同时在你意识的多个层面与你对话,但只有准备好了,你才能接收到相应的内容。每个人从这本书中获得的东西不尽相同，但每一次阅读都会让你有新的收获。如果了解这本书所具有的力量，你就会知道，这是一本值得反复阅读的书。

这本书还将帮助你了解你的过去、现在、未来，了解你将继续前行的道路。

这本书将帮助你明白，这个了解的过程是永无止境的。它将帮助你理解你与过去和未来的关系，但最重要的是，它将唤醒你的内心，让你意识到你在当下拥有的强大力量。

你将了解自身的体验是如何被自己构建出来的，以及为什么一切力量来自当下。最终，这本书将引领你了解自己的情绪导航系统（Emotional Guidance System），了解自己的磁场设定值。

在这本书里，你会发现一系列能够帮助你与自己的"非物质"部分重新建立连接的方法，这些方法将帮助你实现所有愿望。当你运用这些方法，记忆被强大的宇宙法则唤醒时——**你生命中本有的、充满喜悦的激情就会自然而然地重新焕发出来。**

第二章
认识本我

你知道自己想要什么吗？你知道你的体验都是自己创造的吗？你能否享受自身愿望不断演变的过程？当一个全新的愿望在你体内萌动的时候，你是否感到新奇？

只有少数人回答："是的，我很享受自身愿望的不断演变。此时此刻，我的许多愿望还没有实现，我感到非常奇妙。"如果你是这些少数人之一，那么，你就明白你是谁，也明白物质生命体验的真正意义。

但是，如果你像大多数人一样，因为自己的愿望没有实现而感到不快乐；如果你渴望获得更多的金钱，却发现自己一直处于贫穷匮乏的状态；如果你对自己的工作环境不满意，觉得自己陷入困境，看不到任何改善的办法；如果你的人际关系不能让你满意，或者你从小就渴望的美好关系仍然遥不可及；如果你健康状况不佳或者长得不好看……那么，我们想在这里向你传达一些非常重要却相当容易理解的事情。

我们之所以要给你传达这些信息，是因为希望你能找到一条康庄大道，实现你的一切愿望。但这其实只是一小部分原因，因为我们知道，即使你已经实现了当前清单上的所有愿望，还会有另一张更长的清单在等着你。因此，我们写这本书并不是为了帮助你实现清单上的所有愿望，因为我们知道这根本是不可能的。

我们写这本书是为了唤醒你内在的记忆，让你认识到自身的力量和必然的胜利正在你本我的核心涌动。我们写这本书，是为了帮助你回到乐观、积极盼望和不断增长的喜悦之中；也是为了提醒你，没有什么是你不能成为、不能做到、不能拥有的。我们写这本书，是在履行我们过去对你的承诺。现在，当你手捧这本书时，你也是在履行自己的承诺。

你曾说过："我要快乐地生活！"

你曾说过："我将与其他生命一起，进入物质的时空现实，获得一个身份，拥有清晰而独特的视角。我将学会从这个视角来看待自己，当别人从这个视角来看待我时，我也会开心。"

你曾说过："我将观察我周围的事物，并对观察到的事物做出反应，这将使我产生宝贵的个人偏好。"

你曾说过："我将知道我的这些偏好所具有的价值，也将知道我的这些视角所具有的价值。"

然后你还说过（这是最重要的部分）："我将永远觉察到个人视角的力量和价值，因为创造世界的'非物质能量'将渗透到我的每一个决定、意图和念头中，这种创造让我能从自身的视角出发采取行动。"

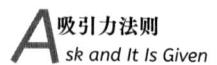

——◆—— 你想成为、做到、拥有的，都能实现

我们希望你记住，没有什么是你不能成为、不能做到、不能拥有的，我们希望帮助你实现它们。但我们也喜欢你当下的状态（即使你自己并不喜欢），因为我们知道这段旅程（从你当下的状态到你期望的状态）将带来许多欢乐。

我们希望帮助你舍弃在物质轨迹上构建的负面认知，它们是你获得快乐和力量的障碍；我们希望帮助你重新激活那些正面认知，它们一直在你本我的核心中涌动。

所以，请放松，享受这段轻松的旅程，重新发现你的本我。我们希望，当你读完这本书时，你会像我们了解你一样了解自己，像我们爱你一样爱自己，像我们欣赏你的生命一样欣赏自己的生命。

第三章
你创造了自己的现实

不久前,我们发现了这样一句话:"你创造了自己的现实。"(我们在简·罗伯茨的赛斯系列书籍中读到了这句话。)对我们来说,这个观点既让我们感到兴奋,又让我们感到不安,因为就像许多人一样,我们确实渴望创造性地控制自己的体验,但又被一些基本的问题所困扰:"我们真的可以自主选择,去创造现实吗?如果可以的话,我们该如何去做呢?"

生命的基础是绝对的自由

你生来就知道你确实创造了自己的现实。事实上,这种认知是你本自具足的,以至于当有人试图阻挠你的创造时,你立即会感到内在的不和谐。你生来就知道,你是自身现实的创造者,尽管创造的愿望在你的内心强烈地涌动,但是,一旦融入社会,你就开始接受别人为你的生活勾勒出的蓝图。但是,你至今在内心

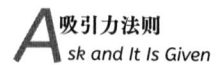

深处仍然知道：你是自己生命体验的创造者，真实体验的基础是绝对的自由，生命体验的创造最终完全取决于你自己。

你从来不喜欢被别人安排人生。你从来不喜欢别人劝阻你放弃自己强烈的冲动。但随着时间的推移，你周围的人给你施加了足够的压力，他们似乎相信他们的实践方式比你的方式更有效（因此，最终也更好），你逐渐开始放弃追随自己内心去生活的决心。你往往会发现，较之于亲自去弄清楚什么最适合自己，遵循别人的想法要容易得多。但是，在不断适应社会，试图让自己融入其中的过程中，在你不断努力减少麻烦的过程中，你不知不觉地放弃了生命的基础，放弃了完全和绝对的创造自由。

当然，你并没有轻易地放弃这种自由，事实上，你永远不可能真正放弃这种自由，因为它是你存在的最基本原则。然而，如果你为了苟且而试图放弃它，或者无奈地认为自己别无选择，只能放弃自己绝对的选择权……那么，你就违背了自己的天性，违背了你的灵魂。

◆ 别人无法创造你的体验

这本书旨在让你与本源能量重新保持一致，重新唤醒你，让你变得清晰、善良、充满力量，这才是真正的你。我们撰写此书是为了帮助你，让你有意识地回归以下的认知：你现在是自由的，你过去一直都是自由的——而且，你永远都可以自由地做出自己的选择。如果任凭别人来创造你的现实，你就不会感到满足。事实上，其他人也不可能创造你的现实。

一旦你与永恒的力量和普遍法则重新保持一致，与你真正的本源重新保持一致，那么，迎接你的将是超越语言描述的快乐创造，因为你是自身体验的创造者，遵循自己的本心去生活会让你感到无比满足。

◆ 你是具有肉身的存在

出于诸多奇妙的原因，你们做出选择，参与物质生命体验。地球上的这个时空现实是一个平台，在这个平台上，你可以专注于自己的视角，完成特定的创造目的。

你目前处在这具奇妙的肉身里，为特定的兴趣和创造而感到激动和欣喜。被你定义为"你"的物质存在位于思想前沿，意识（也就是你的本源）则在你体内涌动。而那些难以言喻的欣喜时刻，正是你敞开自己，真正顺应本源通过你进行表达的时刻。

有时候，你完全顺应你生命的真实本性在体内流动，而另一些时候，你却不顺应它的流动。我们撰写此书是为了帮助你，让你明白，你有能力一直让自己的真实本性在体内流动，当你学会有意识地让自己与本源的"你"完全建立连接时，你将会体验到绝对的快乐。通过有意识地选择自己的思想方向，你就能与本源能量、快乐，乃至所有你认为美好的事物建立持续的连接。

◆ 绝对的幸福是你宇宙的基础

幸福是这个宇宙的基础。幸福是一切万有的基础。幸福流向你，并经过你。你只需要顺应它的流动。这就像你呼吸的空气一样，你只需要完全敞开，保持放松，让空气融入你的存在之中。

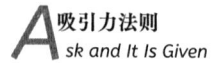

本书向你介绍了如何有意识地让你与"幸福之流"自然地建立连接。本书能让你记住自己到底是谁，这样你就能在创造自己的生命体验的同时，与进入物质身体之前的意愿保持一致，从而获得壮丽的思想前沿体验……你虽然拥有一具肉身，但能够完全从心所欲，用无限愉悦的共同创造方式来表达你的自由。

你知道有多少幸福正在流向你吗？你知道我们为你量身打造了多少境遇和事件吗？你知道你有多受人喜爱吗？你知道这个星球的创造，这个宇宙的创造，是如何配合在一起实现你的完美体验吗？

你知道你是多么受到钟爱，多么蒙受祝福，多么受到喜爱，在这个创造过程中，你是多么不可或缺吗？我们希望你能知道。我们希望你开始知道自身的存在具足幸福，我们希望你开始寻找这种幸福的证据，因为一旦你顺应自己，自由地去观察，就能发现我们一直都在向你呈现它：许多关爱你的人、财富、各种充实的经历和美好的事物；你经历的各种境遇和事件；一系列令人惊叹的共同创造经历，你们相聚在一起，不为别的，只是为了一个极其美好而重要的原因，那就是实现、满足和取悦自己，让自己在当下获得快乐。

你不断前进，势不可挡，一切都是水到渠成的。你无法停止前进的步伐。但你来到世间并不是为了追求前进——你来这里是为了体验无与伦比的快乐。这就是你来到这个世界的目的。

第四章
如何从原点抵达目的地

从人们那里，我们可能常常听到这样的问题：为什么我要花这么长时间才能获得想要的东西？

不是因为你的愿望不够强烈。

也不是因为你不够聪明。

也不是因为你不配获得。

也不是因为命运与你作对。

也不是别人已经捷足先登了。

你之所以没有如愿以偿，是因为你保持的磁场模式与愿望产生的磁场并不匹配。这就是唯一的原因——永远都是如此！你现在要明白的一件重要的事情是，如果你停下来思考一下，或者更重要的是，停下来感受一下，你就能发现自身的不和谐之处。

所以，现在你唯一需要做的，就是温柔地、慢慢地、一点一点地释放你的抵抗思想，因为它们是唯一的不顺应因素。如果你感到越来越轻松，这就表明你的抵抗思想在不断释放，但是如果

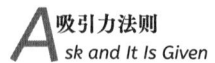

你感到越来越紧张、愤怒、沮丧等等，这就表明你的抵抗在不断增加。

❖ 源源不断的幸福在门外迎候你

我们想提醒你，在理解这一切之前，你必须先了解一个基本前提：幸福在流淌，幸福渴求着你！源源不断的幸福在你门外迎候着你。无论你有没有表达出来，你的一切愿望都已经通过你的磁场在向外传递。本源已经接收到你的磁场，理解了你的磁场，并做出了回应，现在你要顺应自己的每一种感受，允许自己去接收它。

❖ 你是本源能量的物质延伸

你是本源能量的物质延伸。你位于思想前沿。早在你现在看到的物质显现之前很久，你的时空现实就已经通过思想的力量开始运行了。**你所在物质环境中的一切，都是由你所称的本源从非物质的角度创造出来的。如同本源创造出你的世界，你身处这个时空现实的思想前沿，通过汇集思想的力量，也一直在创造着你的世界。**

你和你所称的本源是一样的。

你无法与本源分离。

本源从未与你分离。

当我们在想你的时候，就是在想本源。

当我们在想本源的时候，就是在想你。

本源从来不会产生导致与你分离的任何念头。

你也不会产生任何导致与本源完全分离的想法（"分离"这个词其实太强烈了），但你产生的某些思想可能具有不同的磁场性质，这些性质足以阻碍你与本源建立自然的连接。我们将这种情况称为抵抗。

抵抗的唯一形式，或者说阻碍你与本源建立连接的唯一形式，是由你构建的物质视角提供的。本源一直向你完全敞开，幸福也一直向你延伸，大多数时候，你处于顺应此种幸福的状态，但有时你也没有顺应它。**我们希望帮助你，让你有意识地顺应自己更频繁地与本源建立连接。**

你用当下的新思想不断地超越以前的思想——通过对比，你会得出结论或做出决定。一旦你与自己的愿望保持一致，创造世界的非物质能量就会在你体内流动……这意味着热情、激情和狂喜将在你体内流淌。这是水到渠成的事情。

现在，你通过物质世界继续创造。我们都必须有关注的对象，有不断忆念的愿望，这样才能感受到自身的丰沛，感受到宇宙的延续性在我们体内流淌。正是这种愿望才让永恒呈现出永恒的特性。

◆── 个人偏好的进化价值

不要低估个人偏好的价值，你所在的星球之所以进化，是因为处于思想前沿的你一直在调整自己的愿望。而你身处各种对比和变化之中，这为你个人偏好的形成提供了完美的环境。当你身处对比之中的时候，全新的愿望就会以磁场信号的形式从你身上

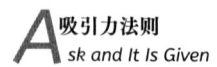

不断发射出来，本源接收到这些信号并做出回应——而此刻，宇宙就会扩展。

本书并不会介绍宇宙的扩展，也不会介绍本源对你每一个祈求的回应，更不会介绍你的价值——因为所有这些都是不言自明的。本书讲述的是如何让你身处某种磁场状态，从而接收到你所祈求的一切。

◆— 自主创造的技术

环境在你内心激发种种愿望，我们希望帮助你，让你自主地实现它们，因为我们希望你能体验到这样的愉悦——快乐地、有意识地创造出自己的现实。你的确创造了自己的现实。你的现实并不是由别人创造的。而且，即使你没有意识到，你也在创造自己的现实。正因如此，你通常是在默认状态下进行创造的。**当你有意识地觉知到自己的想法，并主动提出这些想法时，你就是自身现实的自主创造者。**

你的愿望和信念只是这样的想法："只要发出祈求，就能得到回应。"你通过自己的注意力、渴求和愿望提出请求——这就是在祈求（无论希望事情发生，还是希望事情不发生，你都是在祈求……）。你不必诉诸语言。你只需在你的存在中感受它：我渴望它，喜欢它，欣赏它，等等。这样的愿望是一切吸引力的开始。

你永远不会厌倦宇宙的膨胀或创造，因为这些愿望会源源不断地产生新想法，永无止境。你想体验、拥有或了解事物的每一个全新想法都会变成现实，或者显化出来——而随着这种显化，你也会拥有新的视角，产生新的愿望。各种对比和变化也是永无止境的，因此，新的愿望也将永不停息地涌现出来，就像"问题"和"回答"也永无止境一样。这样，你将永远拥有新的视角。各种新的对比、新的愿望和灵感将永远展现在你的面前。

我们希望你对现状和所拥有的一切感到满意，同时也希望你渴望获得更多。这才是最佳的创造性视角：心怀热切而乐观的期待，迎接即将到来的事物——不急不躁，没有犹疑，也不会觉得自己不配，自在无碍地接受一切。这就是自主创造技术的最佳状态。

第五章
简单的认知基础，就能使万物和谐

有一股电流贯穿万物，遍及整个宇宙。它是宇宙的基础，也是物质世界的基础。有些人能意识到这种能量，但大多数人都无法意识到它。然而，每个人都会受到此种能量的影响。

当你开始理解所在世界的基础，开始寻找（或者更确切地说，开始感受）你对本源能量（这是万物的基础）的觉知时，你就会理解自己体验到的一切，也会更清楚地理解周围人们的体验。

❖ 连贯一致的公式带来连贯一致的结果

就像通过学习，你就能理解数学基础知识，并成功地理解其应用结果一样，我们现在告诉你一个理解世界的公式，这个公式非常连贯一致，也能给你带来连贯一致的结果。这个连贯一致的公式能够绝对准确地预测你未来的体验，使你能够以前所未有的认知来理解过去的经历。

你不会再受到过去或者未来经历的影响，觉得自己是一个受害者，也不会因为一些不如意的事情突然闯入生活而感到畏缩。你最终将会明白，你对自己的生命体验拥有绝对的创造性控制权。然后，你就能够将注意力转向自身的创造性力量，并体验到绝对的幸福感，看到各种事物汇聚在一起，帮助你实现特定的愿望。每个人都有这种潜能……而有些人正在实现它。

识别出自己的个人愿望是非常令人愉悦的体验：这些愿望会从种种对立的生命体验中浮现出来，而且你也知道，每一个愿望都可以完全实现。从这种信念出发，从理解这种和谐的基本原理出发：现在，在各种愿望萌生之后，你就能更快地彻底实现它们。

慢慢你就知道，你的一切愿望都能轻松、迅速地进入你的体验。

你是磁场环境中散发磁场的生命

你可以感受到自己是否能自如地与本源能量建立充分的连接。换句话说，你的感觉越良好，就越能自如地建立连接；你的感觉越糟糕，建立连接的时候就越困难。感觉良好，就等于顺应了连接；感觉糟糕，就等于没有顺应连接，就等于抗拒与本源建立连接。

甚至在你的肉体、血液和骨骼呈现的物质表达中，你都是"散发磁场的生命"，你在物质环境中体验到的一切都是磁场。而且，只有通过自身转换磁场的能力，你才能完全理解你的物质世界。换句话说，你通过眼睛，将磁场转化为你所看到的事物，通

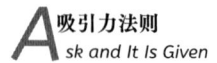

过耳朵，将磁场转化为你所听到的声音，甚至你的鼻子、舌头和指尖，也在将磁场转化为气味、味道和触觉，帮助你理解你的世界。但是，就目前来看，你最复杂的磁场翻译器是你的情绪。

❖ 你的情绪是磁场翻译器

通过关注自己的情绪信号，你可以绝对精确地理解当下或过去经历的每一件事。而且，你还可以利用对情绪的这种全新认知，以前所未有的精确和轻松，来规划未来的体验，从而让自己在各个方面都感到满意。

通过关注自己的感受，你可以完成降生到这个世界的使命，用愉悦的方式继续你预期的扩展。通过了解本我与情绪之间的连接，你不仅能理解自己的世界里发生了什么，为什么会发生这些事情，还能理解与你互动的每一个生命。你的世界再也不会有未解之谜。你将从一个非常深刻的层次，从更广阔的非物质视角，通过个人的物质体验，理解有关你现在是谁，过去是谁，以及正在成为谁的一切问题。

第六章
吸引力法则是宇宙中最强大的法则

每个念头都会散发磁场,每个念头都会发射信号,每个念头都会吸引一个相匹配的信号。我们称这个过程为吸引力法则。

吸引力法则认为:**相似者互相吸引**。因此,你可以把这种强大的吸引力法则看作一种宇宙主管,它能确保所有思想都能相互匹配。

当打开收音机,主动调整接收器,使之与广播塔的信号相匹配时,你就能理解这个原理。当你的调谐器设置为98.6FM时,就无法听到频率为101FM的音乐。你明白,无线电的振动频率必须匹配,吸引力法则也是如此。

因此,当你的体验产生各种愿望,发射出各种愿望焰火时,你必须想办法让自己的磁场与这些愿望保持和谐,从而让这些愿望显化出来。

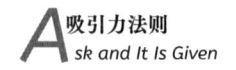

你在关注什么

无论你关注什么，都会散发磁场，而你散发的磁场就等于你的祈求，这就是你的吸引点。

如果你目前无法拥有自己所渴望的事物，只需要把注意力放在它上面，根据吸引力法则，它就会来到你身边，因为当想着你渴望获得的事物或体验时，你就会散发出一种磁场，然后，根据吸引力法则，这种事物或体验就一定会来到你身边。

但是，如果你目前无法拥有自己所渴望的事物，而你又把注意力放在求而不得的状态上，那么，根据吸引力法则，你就会一直与求而不得的磁场相匹配，所以你将一直无法获得你所渴望的事物。这就是吸引力法则。

如何知道自己在吸引什么

想要把你渴望的事物代入体验，关键在于你散发的磁场要与你渴望的事物达到和谐。要想达到此种和谐，最简单的方法就是想象自己拥有它，假装它已经存在于你的体验中，让自己处于享受这种体验的思维状态，当你通过练习让自己产生这些想法，并开始不断地散发这样的磁场时，你就会水到渠成地顺应这种事物进入你的体验。

现在，通过关注自身的感受，你就能轻而易举地知道你是在关注你渴望获得满足的想法，还是在关注求而不得的想法。当你的想法散发出某种磁场，与你的渴望匹配时，你就会感觉良好——你的情绪将从满足、期待、渴求一直上升到喜悦。但是，如果你把注意力放在渴望得不到满足上，你的情绪就会从悲观、担忧、气馁、愤怒、不安一直跌落到绝望。

因此，当你有意识地觉察自己的情绪时，你就会知道自己在创造过程的"顺应"部分表现如何，也就不会再对事情的进展方式产生误解。你的情绪为你提供了一个奇妙的导航系统，如果你能关注到这些情绪，就能引导自己实现愿望。

◆── 所想即所得，但所得未必如你所愿

在吸引力宇宙法则的强大作用下，只要你频繁地思考什么，就能把它的本质吸引到你身边。因此，如果你总是在思考自己渴望的事物，这些事物就会呈现在你的生命体验中。同样地，如果你总是在思考自己不想要的事物，这些事物也会呈现在你的生命体验中。

无论你在想什么，都像是在为未来发生的事情做规划。当你在欣赏某件事的时候，你在规划它。当你忧虑某件事的时候，你也在规划它——忧虑就是通过你的想象力去创造自己不想要的事物。

每一个思绪，每一个想法，每一个生命，每一件事，都在散发磁场，所以当你把注意力集中在某件事上时，哪怕只有很短的时间，你的生命散发的磁场也会开始反映出你所关注事物的磁场。你对它想得越多，你散发的磁场就与它越相同，你的磁场与它越是相同，它就越会被你吸引过来。这种吸引的趋势会一直持续下去，直到你散发出不同的磁场。当你散发出不同的磁场时，与之相匹配的事物就会被你吸引，来到你的身边。

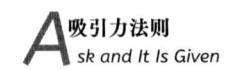

理解吸引力法则后，你就不再对自己所体验到的事物感到惊讶，因为你明白，你的所有体验都是在你思想的感召下应邀而来的。**如果没有受到你思想的召唤，你的生命体验就会一片空白。**

因为此种强大的吸引力法则没有任何例外，所以我们能够轻而易举地完全理解它。一旦你明白了"所想即所得"的道理——同样重要的是，当你觉察到自己在想什么的时候——你的体验就会处于你绝对的掌控之下。

◆── 不同磁场的差别有多大

可以举一些例子。你是去欣赏自己的伴侣，还是希望改变对方？这两个想法存在着很大的磁场差别。而你与伴侣的关系，毫无疑问会反映出你主导性的想法。因为，虽然你可能没有意识到这一点，但你确实已经通过想法把你们的关系变成了现实。

如果你经常嫉妒邻居的好运气，就不可能实现改善经济状况的愿望，因为你这个愿望散发的磁场和你的嫉妒情绪产生的磁场是完全不同的。

理解了自己的磁场特性，你就可以轻松地、有意识地创造自己的现实。假以时日，在不断的实践中，你会发现自己可以轻松实现所有的愿望——因为没有什么是你不能成为、不能做到、不能拥有的。

◆── 你是磁场能量的召唤者

你是意识。

你是能量。

你是磁场。

你是电流。

你是本源能量。

你是创造者。

你位于思想的前沿。

创造性能量遍布这个不断进化、永恒演变的宇宙，而你就是这种能量最具体、最活跃的召唤者和利用者。

你是充满创造力的天才，在时空现实的前沿彰显自身，要让思想不断超越自身。

尽管一开始你可能会觉得奇怪，但接受自己是一个散发磁场的生命对你是大有裨益的，因为你所在的宇宙就是一个磁场，而支配这个宇宙的法则也是以磁场为基础的。

一旦你有意识地与这个宇宙法则融为一体，并理解了事物为什么会以吸引力法则的形式做出反应，所有的神秘和困惑都将消失，你会获得清晰的理解。怀疑和恐惧将被智慧和信心所取代，不确定性将被确定性所取代——快乐将回归，成为你体验的基本前提。

当愿望和信念散发的磁场互相匹配时

相似者互相吸引，所以你的生命散发的磁场必须与你愿望的磁场相匹配，你的愿望才能被你完全接收。如果你在渴望获得某种事物的时候，却把注意力主要放在求而不得的状态上，那么，你就不要期望能获得它，因为求而不得的磁场频率和拥有这种事

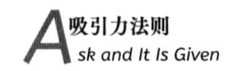

物的磁场频率是完全不同的。换一种说法就是：**你的愿望和信念散发的磁场必须是匹配的，这样你才能接收到你想要的事物。**

以下是更宏观的图景：从你的视角来看，你在世间的种种体验会导致你有意无意地识别出自己的个人偏好。那么，当这种情况发生时，无论你是否能够有意识地用语言表达出来，本源都会立即回应你的磁场发出的电子请求，因为本源一直在聆听着你，欣赏着你。

因此，无论你祈求什么——不管是通过语言提出，还是仅仅通过细微的心思表达你的愿望——本源每次都能听到你的要求并做出回应，不会有任何遗漏。只要发出祈求，就能得到回应。

◆ 宇宙都因你的存在而受益

因为你置身于特定的体验中，这促使你的内心形成特定的愿望，因为本源听到并回应了你的请求——我们所聚焦的宇宙在不断扩展。这是一件多么美妙的事情呀！

你当下所在的时空现实、当下置身的文化、当下看待事物的方式——这些构成了你的视角——都是经过无数代人进化而来的。促使你产生当下独特观点的愿望、结论和视角无穷无尽，事实上，我们无法对它们逐一进行追溯。但是，我们非常想让你听到的是，不管是什么导致了你独特观点的产生，它已经产生了。你真实地存在着，你在思考，你在感知，你在提问，而且你正在得到回应。宇宙因你的存在和观点而受益。

因此，你的重要性毋庸置疑，至少对我们来说是如此。我们完全理解你的巨大价值。你的价值毋庸置疑，至少对我们来说是如此。我们知道，你完全有资格让创造性能量回应你的每一个愿望——我们也知道你确实获得了回应，但你们中的许多人，出于各种原因，阻碍自己去接收祈求的事物。

◆ 重新发现顺应的技术

我们希望你能重新发现自己本自具足的能力，让宇宙的幸福源源不断地流进你的体验，我们称这种练习为"顺应的技术"。这是一门顺应幸福的技术——幸福构建了你现在和过去的每一个粒子。在你继续存在的过程中，幸福也将一直流过你。顺应的技术让你不再抗拒你应得的幸福，此种幸福是自然而然的，是你的遗产、你的本源和你的生命。

现在，你不需要学习任何预备课程，就能理解本书所介绍的内容。我们撰写此书是为了让你能够从当下开始获得价值。现在，你已经为这些信息做好了准备，这些信息也在恭候你的光临。

第七章
你站在思想的前沿

我们喜欢把你所站的地方称为"思想的前沿",因为当你站在那里(在你具有物质体验的肉身和物质环境中)时,你就是前沿的延伸。

所有在此之前曾经存在的一切都达到终点,成为你们现在所处的状态。就像你从诞生直到现在的所有经历,最终形成了现在的你一样,**宇宙所经历的一切,也最终形成了现在宇宙万物正在体验的一切。**

因为你们每个人都具有各种体验,从而产生种种愿望,进而形成集体的召唤,这实际上就是你们的进化。因此,你与我们互动得越多,我们就越能识别你的个人偏好,并让这些偏好显露出来……你的偏好显露得越多,我们向你们做出的回应也就越多。这样,一股强大的本源能量之流就会延伸到你的面前,接收你的个人偏好。换言之,因为你已经拥有并正在拥有的体验,因为你的各种愿望所具有的召唤力量,你未来的幸福体验才具有良好的基础。同样，你现在的愿望也会反过来为子孙后代提供能量之流，让他们从中受益。

◆ 只要你有愿望，宇宙就能让它实现

如果参与时空现实激发了你内心真诚的愿望，那么宇宙就有办法提供你所寻求的结果。随着之前取得的一次次成就，你向外探索的能力会不断增长，对初次了解这种能力的人来说，这种增长可能会让他们感到惊奇，但对那些已经开始了解这种幸福之流，并期待源源不断地体验到这种幸福的人来说，他们可能会觉得这种增长是司空见惯的事情。即使你没有意识到幸福之流也在流动，但当你有意识地与它和谐一致时，你为创造而付出的努力就会更让你心满意足，因为这时你会发现，你完全能够实现自己的一切愿望。

◆ 不管你是否理解，它都在发挥作用

即使你无法完全理解这个永恒扩展的环境具有的复杂性，也能从它所带来的好处中获益，但你必须找到一种方法，顺应延伸到你面前的幸福之流。所以，为了实现这一目标，我们给出以下的指导：**幸福之流一直在不断流动。不管你是顺应它，还是抵抗它，它都一直在不断流动。**

你不会走进一间灯火通明的房间，然后去寻找"启动黑暗的开关"。换言之，你不会期望找到一个开关，通过它，让无边的黑暗涌入房间，淹没光明，但是你可以找到一个阻碍光明的开

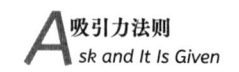

关，因为光明消失，黑暗就会降临。同样，"恶"的本源并不存在，但你却可以抵制你相信的"善"，就像疾病的本源并不存在，但你却可以阻碍自然的健康一样。

◆ 没有祈求，就无法获得回应

有时，人们会称赞埃斯特，因为她能够将智慧转化为文字或口头语言，让他人也能从中受益，别人也会对她的工作表示感谢。

这个时代的人们正从历代先人的经历中大受裨益，因为他们的经历和他们内心产生的愿望，这样的召唤才产生。而今天，你们正站在前沿，收获着历代先人所祈求的一切；同时，你们还在继续祈求，你们现在正在召唤……而且还会一直继续下去。所以，如果你能找到一种顺应它的方式，你是否能看到，只要你的磁场与它保持和谐一致，巨大的幸福就出现在你的指尖，任你采撷？（你难道不明白，为什么你找不到很多人与你谈这件事吗？因为身处前沿的人总是为数不多的。）

如今，有些人陷入了巨大的困境，或经历了巨大的创伤，由于当下的处境，他们的祈求变得更加强烈。正因为他们的祈求如此强烈，本源也做出了强烈的回应。虽然进行祈求的人通常都深陷于创伤之中，无法从自己的祈求中获得益处，但后代——甚至是运用了顺应技术的当代人——都能从这种祈求中获得益处。

我们告诉你这些，是为了帮助你理解：**你随时都可以接收到无限的幸福之流和种种丰沛的事物，但你必须处于一种和谐的接收状态。如果你在抵抗它们，就无法接收它们。**

◆ 开启闸门,让你的幸福涌入

此时此刻,你要把自己看作强大幸福之流的受益者,尽量想象自己正沐浴在这股强大的幸福之流中。尽量感受自己是这股无量之流的前沿受益者,微笑并试着接受自己是配得上这种幸福的。

毫无疑问,你能否感受到强大幸福之流的价值,取决于你当下生活中正在发生的事情。在某些情况下,你觉得自己非常幸福,在另一些情况下,你会感到不那么幸福,我们希望,当你阅读本书时,你会逐渐明白:自己在多大程度上感受到幸福,在多大程度上充满积极的期待,能够反映出你顺应的程度;而你在多大程度上感受不到被祝福,在多大程度上缺少积极的期待,则反映出你抵抗的程度。我们希望,在不断阅读本书的过程中,你能够放下那些抵抗幸福之流的习惯性思维。

我们希望你明白,如果在物质的旅程中,你没有生起与幸福之流磁场不一致的抵抗思想,现在就会成为幸福之流的完全接收者——因为实际上,你就是幸福之流的延伸。

你是否能承接这股幸福之流,全部的责任都在你自己(以及你如何去感受)。虽然你周围的人或多或少会影响你,导致你顺应或抵抗这股幸福之流,但最终还是取决于你自己。你可以开启闸门,让幸福流入你的心田,也可以选择其他的思想,远离真实的自我——但无论你是顺应还是抵抗,幸福之流都会源源不断地流向你,永不停息,不知疲倦,永远等待你回心转意。

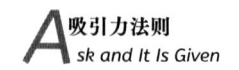

◆ 你正处于从原点到目的地的绝佳位置

你并不需要改变周围的环境,就能主动让自己与幸福之流建立连接。你可能身陷囹圄,可能身患绝症,可能面临破产,也可能正在闹离婚。不过,你在当下身处一个绝佳的位置。我们还希望你明白,这并不需要大量的时间,你只需要简单地了解一下这个宇宙法则,并下定决心处于顺应的状态。

当你驾驶汽车在各地旅行的时候,你既知道从哪里出发,也知道要去哪里。你接受这样的事实:你不可能瞬间到达目的地。你要走完某段路程,还需要经过一段时间,才能到达目的地。虽然你可能会急着要赶到目的地,甚至对旅途感到厌倦,但你不会在中途气馁而掉头返回起点。你不会从起点开到中途,再返回起点,如果这样来回折腾,最后你必定崩溃在永无止境的路途中。

你也不会宣布你无法完成这段旅程。你接受起点与终点之间的距离——继续朝着终点的方向前进。你明白自己需要做什么,然后,你就去做。我们希望你知道,从你所在的地方到你想去的地方之间的旅程——在各个方面——都如此简单明了。

第八章
你是磁场发射器,也是接收器

现在,你已经准备就绪,可以来了解控制、创造和享受物质生命体验的最关键部分了。

你并不仅仅是你所认为的物质生命,你还是散发磁场的生命。当别人遇到你的时候,他们用眼睛看你的形象,用耳朵听你的声音,但你向他们和宇宙呈现自己的方式比这更强烈,并不是被看到、被听到这么简单:**你是一个磁场发射器,在存在的每一刻,你都在发射信号。**

你聚焦于物质性的身体,在清醒的时候,会不断地发射出非常具体、易于识别的信号,而这个信号会立即被接收、理解和回应。随即,你现在和未来的环境就会根据你当下发出的信号开始改变。因此,此时此刻,整个宇宙都会受到你发出的信号的影响。

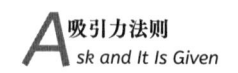

◆── 你是聚焦当下的人格

你的世界，无论是现在还是未来，都直接而具体地受到你当下所发射信号的影响。你现在的本性和思想正在创造出一种非常强大的能量聚焦。你所聚焦的能量也正是创造世界的能量。此时此刻，这种能量正在创造你的世界。

你有一个内置的、易于理解的导航系统，这个系统具有一些指示器，可以帮助你了解信号强度和你聚焦的方向。而且，最重要的是，正是这个导航系统帮助你理解，让你所选择的思想与能量之流保持和谐一致。

你的导航系统呈现出你的各种感受。换言之，你的感受是你与本源保持一致的真正的指示器，也是你与自己的意念保持一致的真正的指示器。

◆── 你的强大信念都曾是温和的想法

你思考过的每一个想法都依然存在，每当你专注于某个想法时，你就会在内心激活那个想法的磁场。因此，无论你现在关注的是什么，都是被激活的想法。但是，当你把注意力从某个思想上转移开时，它就会处于休眠（或者说不活跃）的状态。主动让某个想法停止活动的唯一办法就是激活另一个想法。换言之，主动将注意力从某个想法上移开的唯一方法，就是将注意力放在另一个想法上。

当你关注某件事物时，起初它的磁场并不强烈，但如果你一直思考或谈论它，它的磁场就会越来越强烈。因此，只要对任何主题给予足够的关注，它就会成为一种主导性的想法。如果你越来越关注某个想法，随着你对它的关注，并训练它的磁场，这个想法就会在你自身磁场中占有更大的分量，现在，你可以把这种经过训练的想法称为信念。

◆ 思考得越多，想法就会越强烈

因为在思想不断扩展的过程中，吸引力法则是幕后的推手，所以你必须在某种程度上与某件事保持和谐一致，才能把注意力放在它上面。因此，你思考这个想法的时间越长，反刍这个想法的频率越高，你的磁场也就越能和它保持一致。

当你与某个想法保持更强的一致性时，你就会开始感受到一些情绪，这些情绪会显示，你是在增加还是削弱与自身本源的一致性。换言之，当你越来越多地关注某个主题时，你的情绪读数就会变化，这表明你与本我的关系是否和谐。如果你关注的主题与你生命本源的认知一致，你就会感受到与自身想法的和谐关系，从而产生愉悦的情绪。但是，如果你关注的主题与你本源的认知不一致，你就无法与自身的想法保持和谐，从而产生糟糕的情绪。

◆ 你关注它，就是在邀请它

只要你关注某个想法，它就会增长，在你的磁场组合体中占更大的份额。无论这个想法是你喜欢的，还是你不喜欢的——你对它的关注都会把它邀请到你的体验中来。

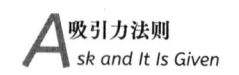

既然这个宇宙是以吸引力为基础，就不存在排斥。万物都是互相包容的。所以，当你看到自己想体验的事物，关注它，欢喜地赞叹它的时候，就是在接纳它，让它进入你的体验。但当你看到你不想体验的事物，关注它，厌恶地拒绝它的时候，你也是在接纳它，让它进入你的体验。你想用喜欢来邀请它，用讨厌来排斥它，这是不可能的，因为这个宇宙是以吸引力为基础的，并不存在排斥。你的关注就是一种邀请。你关注它，就是在邀请它。

因此，对那些仅仅把自己当作纯粹观察者的人来说，虽然他们在顺境中会蓬勃发展，但在逆境中就会遭受痛苦，因为他们所观察到的对象会散发磁场，当他们观察的时候，就把这些磁场包含在自己的磁场组合中；这样一来，宇宙就接受它，将之作为他们的吸引点——从而吸引更多相同的本质。因此，对这位观察者来说，遇到顺境就会更顺利，遇到逆境就会更糟糕。然而，一个具有远见卓识的人在任何境遇下都能蓬勃发展。

当你在某个主题上训练自己的注意力时，吸引力法则就会将各种环境、条件、体验、人和事传递给你，与你习惯的、占主导的磁场相匹配。与你所持想法相匹配的事物就会开始在你身边显化出来，你就会越来越强地形成某种磁场习惯或倾向。因此，那些曾经微不足道的想法，现在已经演变成了一个强大的信念——而这种强大的信念将一直在你的体验中发挥作用。

第九章
情绪反应背后的隐藏价值

你的视觉和听觉不同,嗅觉和触觉也不同,但即使不同,它们也都是对磁场的翻译。换言之,当你靠近一个火炉的时候,你的视觉不一定能告诉你炉子是热的,你的听觉、味觉或嗅觉往往也无法识别出炉子是热的,但是,当你的身体靠近火炉的时候,你皮肤上的传感器就会让你知道炉子是热的。

你生来就拥有敏感、发达而复杂的磁场翻译器,它能帮助你理解和定义你的体验。就像你利用身体的五种感官来翻译你的物质生命体验一样,你天生还有其他的传感器——你的各种情绪——它们是另一种磁场翻译器,帮助你翻译当下的生命体验。

◆── 情绪是你吸引点的指示器

你的存在每时每刻都散发磁场,而你的情绪就是磁场内容的指示器。因此,当觉察到各种情绪感受时,你也就意识到自己散

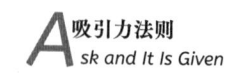

发的磁场。一旦你掌握了吸引力法则的知识，当你在当下觉察到自身散发的磁场内容，并与你掌握的知识相结合时，就能完全掌控自己强大的吸引点。有了这些知识，你现在就能用你选择的方式引导自己的生命体验。

你的情绪简单、纯粹并且唯一，它体现出你与本源的关系。因为只要你想要知道或需要知道，你的情绪就会告诉你关于你与本源关系的一切信息，所以我们通常把你的情绪称为情绪导航系统。

你已经完全理解了你与本源能量之间的永恒连接，你也知道你的情绪将一直充当指示器，每时每刻都会让你知道你在当下与本源能量之间的关系。因此，明白自己永远都能获得强大的指引，你就不会觉得有任何风险，也不会感到困惑——只会觉得自己在探险，并感受到真正的喜悦。

◆ 情绪是你与本源能量保持一致的指示器

你的情绪表明你在何种程度上与本源保持一致。虽然你永远不可能与本源完全错位，以至于与其完全断开连接，但只要你选择关注某种思想，它就在很大程度上影响到你，决定你与非物质能量（你的本我）是否能保持一致。因此，随着时间的推移，经过不断实践，在每时每刻，你都知道自己与本我保持一致的程度，因为当你完全顺应本源能量的时候，就会蓬勃发展，而当你不去顺应这种一致性的时候，你就不会蓬勃发展。

你是被赋能的生命，你完全可以自由自在地创造。当你知道这一点，关注与生命磁场和谐一致的事物时，你就会感受到绝对的快乐。但是，当产生与该事实背离的想法时，你就会感受到相反的情绪，感到无力，觉得受到束缚。你的情绪涵盖从无力到快乐的全部范围。

用你的情绪感受回归幸福之道

当你的想法与本我契合的时候，就会感受到一股和谐之流贯穿你的身体：快乐、爱和自由感都是这种一致性的体现。而当你的想法与本我无法契合的时候，你就会感受到身体内的不和谐：抑郁、恐惧和束缚感就是这种不一致的体现。

就像雕塑家塑造黏土来创作他们喜欢的作品一样，你也通过塑造能量来进行创作。你通过专注力——思考、回忆和想象各种事情——对能量进行塑造。当你说话、写作、倾听、沉默、回忆和想象时，你都在聚集能量——你通过思想的投射来聚集能量。

就像雕刻家随着时间的推移不断练习，学会把黏土精确地塑造成想要的作品一样，**你也可以学习聚焦思想，从而塑造能量并创造世界**。此外，就像雕塑家通过双手的感受，让自己理想中的图像复活一样，你也能通过各种情绪去感受你的幸福之道。

第十章
三个步骤让你成为、做到、拥有渴望的一切

从概念上讲,创造性的过程非常简单,只包括三个步骤:
- **第一步**(需要你做的):进行祈求。
- **第二步**(不需要你做的):宇宙做出回应(你获得回应)。
- **第三步**(需要你做的):获得回应后,你必须接收并顺应它。

第一步:进行祈求

由于你的注意力聚焦的是一个美妙而多样的环境,**第一步**很容易就自动完成了,你的自然偏好就是这样产生的。万事万物——从你微妙甚至无意识的愿望到清晰、准确、活泼的愿望——都源于你的日常生活中对比鲜明的体验。置身于这个充满奇妙变化和对比的环境,各种欲望(或祈求)是自然产生的副产品。所以,第一步就是自然而然的事情。

第二步：宇宙做出回应

对你来说，**第二步**很简单，因为这根本不是你的工作。你所祈求的一切（巨细无遗）都会毫无例外地立即被理解并完全获得供应。每个意识点都有权去祈求，也能进行祈求，并迅速得到尊重，获得回应。只要发出祈求，就能得到回应。每一次都是如此。

有时候，你的祈求是通过语言表达出来的，但更多的时候，它们是从你的磁场中散发出来的，它们是你在磨砺中产生的个人偏好，源源不断，接踵而至，每一个都会得到尊重，并且获得回应。

每个问题都获得回答，每个愿望都获得满足，每一次祈祷都会获得回应，每一个愿望都能实现。但是，许多人基于自己的生命体验，以某些愿望无法实现为例，反驳这一真相。他们之所以如此，是因为还没有理解和完成非常重要的**第三步**——因为如果不完成这一步，你就会忽视**第一步**和**第二步**的存在。

第三步：接纳并顺应这个回应

第三步就是运用"顺应的技术"。它是你导航系统存在的真正原因。通过这一步，你可以调整自身存在的磁场频率，使之与你愿望的磁场频率相匹配。这就像你需要设置你收音机的调谐器，使之与你想要收听的电台频率相匹配，你生命磁场的频率也必须与你愿望的频率相匹配。我们称之为"顺应的技术"，即顺应你的祈求。除非你把自己调整到接收模式，否则即使你的祈求获得

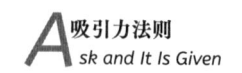

了回应，对你来说，也等于没有获得回应；你的祈祷似乎没有效果，你的愿望也得不到实现——这并不是因为你的愿望没有被听到，而是因为你的磁场频率不匹配，所以你没有接纳它们。

◆ 每个主题都有两面性：想要的和不想要的

每个主题都有两面性：一个是你生起的愿望，另一个是你的愿望得不到满足。**很多时候——即使你认为你在渴求自己想要的事物——你渴求的其实是你想要事物的反面。** 例如，你会说"我想要健康，不想生病"，"我想要手头宽裕，不想缺钱"，"我希望获得完美的爱情，不想孤独终老"。

你所想的和你获得的永远是完美的磁场匹配，因此，有意识地将你的想法和你生命体验中正在显化出来的事物关联起来，这会对你有很大的帮助，但如果在到达目的地之前，你就能够分辨出方向，那就更有帮助了。一旦了解自己的情绪，了解它们向你传递的重要信息，你就不必等到某些事情在你的体验中显化出来时，才去了解你的磁场提供了什么——你可以通过自己的感受，准确地判断出自己的方向。

◆ 关注愿望，而不是关注求而不得的状态

无论你是否有意识地觉察到，创造过程一直都在进行。由于你的体验富于变化，对比鲜明，不断有新的偏好在你的内心诞生，而你甚至会在毫不知情的情况下，将这些偏好作为祈求传播出去。在你将偏好传播出去的那一刻，本源能量就会接收到你的

磁场请求，并根据吸引力法则立即做出回应，你必须在磁场层面与之保持一致。

你并不总是能够意识到自己的愿望得到了回应，这是因为在你的祈求（**第一步**）和顺应（**第三步**）之间往往存在着时间差。**即使你已经认识到对比，并由此产生了明确的愿望，但你往往并没有将注意力完全放在愿望本身，而是放回到产生愿望的对比上。在这样做的过程中，你的磁场更多是关乎你产生愿望的原因，而不是愿望本身。**

例如，你的汽车越来越老旧，开始需要频繁送去修理……当你开始注意到汽车外壳在褪色时，你觉得自己想要一辆新车。由于你非常渴望一辆令你满意的新车，这带来一种确信的感觉，愿望产生的磁场从你身上喷薄而出，本源完全接收了它，并立即做出了回应。

但是，由于你没有意识地觉知到吸引力的宇宙法则和"创造三步骤"，这种新鲜、令人振奋的感觉对你来说是短暂的。因此，你并没有立即把注意力转向你的新愿望，没有继续酝酿拥有这辆全新汽车的美好想法（这样一来，你就无法与你新想法的磁场和谐一致），你回头看看你目前拥有的汽车，分析你渴望新车的原因。你总结说："这辆旧车已经无法再让我满意了。"你并没有意识到，当你心生不悦地看着这辆旧车时，你的磁场正在回到旧车，而不是转向你所渴望的新车。你解释说："我真的需要一辆新车。"同时指出旧车上的凹痕、裂缝，认为它的性能不可靠。

每当你为需要新车进行论证时，在不知不觉中，你说的每一句话都强化了你当前不愉快处境的磁场，这样一来，你就会继续维持这种磁场，使之与你的新愿望不一致，并远离与你的祈求相

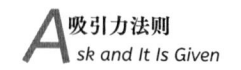

应的接收模式。

在这种情况下，只要你继续关注你不想拥有什么，你想要的事物就不会来到你身边。换言之，如果你主要思考的是你漂亮的新车，那么它就会水到渠成地向你驶来，但如果你主要思考的是你目前并不想要的旧车，那么你所渴望的新车就不会向你驶来。

要区分你实际是在想着新车，还是将思绪纠缠在旧车上，这似乎很难，但一旦你觉知到自己的情绪导航系统，这种区分对你来说就会非常容易。

❖ 你已经掌握了实现所有愿望的钥匙

一旦你理解到，你的想法就是你的吸引点，而你的感受则体现出你顺应或抵抗的程度，那么，你现在就掌握了实现所有愿望的钥匙。

如果你一直对某件事情保持积极的情绪，但结果却很糟糕，这是不可能的事情；同样，如果你一直对某件事情保持消极的情绪，但结果却很好，这也是不可能的事情。因为你的感受会告诉你，你是否在顺应自己的本有的幸福。

虽然疾病并没有本源，但你产生的一些想法可能没有顺应你健康之流的自然流淌，同样地，虽然贫穷并没有本源，但你产生的一些想法可能没有顺应你丰足之流的自然流淌。幸福之流正在不断地向你涌来，如果你的习得性思维没有阻碍或限制它，你就会在生活的各个方面体验到幸福。

就你与所渴望事物的关系而言，你当前的境遇并不重要。通过关注自己的感受，并将你的思想引领到更好的感受上，你就能再次与你本有的幸福磁场保持和谐。

　　记住，作为纯粹、积极的非物质能量的延伸，你与本我的磁场越和谐，你的感受就越好。例如，当你欣赏某事物的时候，你的磁场就与你的本我相匹配；当你爱某个人或爱你自己时，你的磁场就与你的本我相匹配。但是，如果你在抱怨自己或他人，那么在那一刻，你所散发的磁场与你的本我就不匹配，你所感受到的负面情绪就成为指示器，表明你已经引入了一种抵抗性的磁场，你不再顺应自身物质部分和非物质部分建立的纯净连接。

　　我们通常把你的非物质部分称为你的内在生命，或者称为你的本源。你自己如何称呼这种能量本源（或生命力量）并不重要，重要的是，你要能有意识地觉知到，什么时候你在顺应与它建立连接，什么时候你在限制与它建立连接——而你的情绪就一直充当指示器，显示你在何种程度上顺应或抵抗这种连接。

第十一章
通过练习，你将成为快乐的自主创造者

当有意识地考虑自己的感受方式时，你就会越来越娴熟地引导本源能量，你将成为自律而快乐的自主创造者。通过练习，你将能够对这种创造性能量进行集中控制，在塑造这种能量时，你就像技艺精湛的雕刻家般心情愉悦，并引导这种能量，努力地进行个人的创造性活动。

当你集中创造性能量时，需要考虑两个因素：第一，能量的强度和速度；第二，你顺应或抵抗它的程度。第一个因素与你花多少时间思考自己的愿望有关，也与你的想法有多具体有关。换言之，当你一直想着某件事的时候，你的召唤能力就会比你当天才开始想到它要强得多。而且，当你考虑一段时间，体验到一些对比之后，你对该事物的想法会变得更加具体，你的愿望就会以更强大的方式召唤它。一旦愿望达到了一定的力量或速度，你就很容易感受到自己在第二个因素上的表现——你顺应或抵抗它的程度。

当你在思考一件渴望已久的事情，而此时此刻，你却发现这个愿望还没有实现时，你的内心就会产生强烈的负面情绪，因为你正在思考的事情具有非常强大的能量，但这种能量与你的磁场不一致。然而，如果你正在思考一件你渴望已久的事情，而且你想象这件事正在发生，那么你的情绪就是某种形式的期待或渴望。

因此，你可以通过自己的感受来判断，在当下，你与自己的愿望是匹配，还是不匹配；你是顺应自己的愿望，还是抵抗自己的愿望；是促进自己的愿望，还是在阻碍自己的愿望。

不要控制思想，而是去引导思想

在这个科技高度发达的社会里，你几乎可以立即了解地球上发生的一切事情，你遭受各种思想和观念的狂轰滥炸，有时，你会觉得这些思想和观念在入侵你的个人体验。因此，当其他种种思想不断涌现的时候，控制自己的思想似乎是不可能的。相反，当你发现某种思想出现在你面前时，去关注它似乎才是正常的。

我们并不是鼓励你努力控制自己的思想，而是鼓励你在某种程度上努力引导自己的思想。甚至与其说是引导你的思想，不如说是去追求一种感受，因为追求你想要的感受是更容易的方式，这能让你的思想与心中美好的事物在磁场上保持一致。

吸引力法则已经在通过磁力吸引并组织你的思想，因此，了解吸引力法则，主动运用它来引导你的思想，这是非常有帮助的。

请记住，每当你把注意力放在某个想法上时，这个想法就会

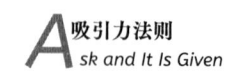

立即在你的内心被激活，因此吸引力法则也会立即做出反应，这意味着，如果其他想法与你刚被激活的想法具有和谐一致的磁场，现在就会加入你被激活的想法，使它成为一个更明显、更强大、更有吸引力的想法。随着你继续专注，你的想法不断扩展，其他类似的想法又会汇入刚刚被激活的那个更强大的想法……如此不断持续下去。

◆ 当你训练的某个思想成为主导性思想时

当你持续关注某个主题，使其在你的内心产生持续活跃的磁场时，你就是在训练它，或者说它就成为你的主导性思想。一旦出现这种情况，与之相匹配的事物就会开始在你的主导性思想周围显化。就像你的前一个想法会被其他与之相匹配的想法汇入一样——现在，与你的主导性思想相匹配的事物将开始出现在你的体验中：你会在杂志文章中读到它，在与朋友的谈话中提及它，在个人观察中发现它……吸引过程将变得非常明显。**一旦你集中的注意力充分激活了你内心的主导性磁场，不管是涉及你想要的事物，还是你不想要的事物，它都会开始进入你的个人体验。这就是吸引力法则。**

◆ 如何有效地成为自主创造者

请记住，在你关注自己的情绪，并能从中获得实际的利益之前，你必须首先接受一点：幸福之流一直在流淌。你可以顺应它，也可以抵抗它，但是，你顺应它时，就会感觉良好；你抵抗它时，就会感到不适。换言之，幸福之流是唯一的存在，你要么顺应它，要么抵抗它，通过自己的感受，你可以判断你是在顺应，还是在抵抗。

你本来就应该蓬勃发展，你本来就应该感觉良好。你是美好的，你是被爱着的。幸福源源不断地涌向你，只要你顺应它，它就会以各种方式显化在你的体验中。

无论你关注什么，它都会散发一个能量磁场的脉冲。当你把注意力集中于某件事的时候，你就开始像它的磁场那样散发磁场。你每一次关注它，都会散发磁场，你一次次变得更加娴熟，直到你逐渐发展出一种磁场倾向。这就像练习任何事情一样，你会感到越来越轻松。只要足够专注于这个想法，从而训练它的磁场，你就会形成所谓的信念。

信念只是一种经过训练的磁场。换言之，一旦你花费了足够的时间训练某个想法，那么，任何时候，只要你接近与这个想法相关的主题，吸引力法则都会轻松地带领你，让你进入这个信念的整个磁场中。现在，吸引力法则接受了这个信念，将它作为你的吸引点，并为你带来与这个磁场相匹配的事物。因此，当你的生命体验与你思考的那些想法相吻合时，你就会得出结论："是的，这就是事实。"虽然称之为"事实"可能也是正确的，但我们更愿意称之为"吸引力"或"创造"。

你关注的任何事物都会成为你的"事实"。吸引力法则告诉我们，这必定如此。你的生活，以及其他人的生活，都不过是你主导性思想的反映。这一点没有例外。

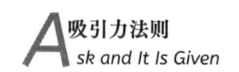

◆ 你决定好引导自己的思想了吗

要想成为自身体验的自主创造者，你就必须下决心，引导自己的思想，因为只有当你主动选择思想的方向时，才能有意识地影响自己的吸引点。

如果你继续以习惯性的方式去讨论、观察和相信，就无法改变自己的吸引点，就像（我们之前提到的）如果你把收音机的调谐器调到 98.6FM，就无法接收 101FM 的广播。你必须匹配你的磁场频率。

你所感受到的每一种情绪，都是在显示你与本源能量是否一致。你的情绪是一个指示器，可以判断你物质存在和灵性存在之间的磁场差异，当你将注意力放在这些情绪上，并试着专注于让你感到愉悦的想法时，你就是在使用你的情绪导航系统，顺应你的初衷。

你的情绪导航系统非常关键，可以帮助你了解自身的磁场内容，因此也可以帮助你了解你当下的吸引点是什么。**区分你生起的想法是在渴望某事物，还是处于求而不得的状态，有时候是很困难的。但是，区分这两种想法对应的情绪反应，却是一件非常容易的事情。因为，当你完全专注于自己的愿望时（从你的磁场可以充分体现出来），你会产生美妙的感觉；而当你专注于求而不得的想法时，你会产生糟糕的感觉。你的情绪永远会显示出你的磁场处于什么样的状态；你的情绪永远会让你清楚地知道你的吸引点是什么；因此，只要关注自己的情绪，主动生起一些想法影响自己的感受，你就可以有意识地引导自己，进入相应的磁场频率，从而实现你的愿望。**

❖ 你能接受自己是一个散发磁场的生命吗

大多数人都不习惯从磁场的角度来看待自己的生命，当然，他们也不习惯把自己视作无线电发射器和接收器——但你确实生活在一个充满磁场的宇宙中，你是能量，是磁场，是电，只不过你还没有意识到而已。**一旦你将自己置于这种新的定位中，开始接受自己是散发磁场的生命，能吸引所有事物进入你的体验，那么，你就会开始踏上自主创造的美妙旅程。一旦你开始理解自己的想法、感受和你接收到的事物之间的关联，那么你就掌握了这个奥秘。现在，你掌握了启动任何主题的钥匙，能够从你所在的地方到达你向往的目的地。**

第十二章
你控制着自己的情绪设定值

大多数人都不相信自己能控制信念。他们观察周围发生的事情,并进行评价,但通常觉得自己无法控制内心形成的信念。终其一生,他们都在把事件分成善恶、爱憎、对错——但很少有人明白自己有能力控制与这些事件的关系。

控制别人创造的境遇是不可能的

由于许多人认可他人创造的某些境遇,但不认可其他一些境遇,因此他们试图完成一项不可能的任务,想控制别人创造的境遇。他们想利用个人或集体的力量,让自己拥有更强的力量感或掌控感,以此来控制环境,使自身不受威胁,从而保护自己的幸福。但在这个以吸引力为基础的宇宙中,不存在所谓的"排斥",人们越是努力地抵抗不想要的事物,就越是与这些事物保持一致的磁场——这样一来,他们就会感召到更多自己不想要的事物,使其进入自己的体验。当越来越多不想要的事物显化在他们的体验中时，他们就会坚定自己的信念（他们会"说服"自己），认为自己一直以来的想法都是对的——这些事物一开始就非常糟糕，具有侵略性。换言之，你越是捍卫自己的信念，吸引力法则就越是帮助你实现这些信念。

谁的"事实"才是真正的事实

只要对某种事物给予足够的关注，该事物的本质最终就会以物质的形式显化出来。然后，当其他人观察到这种物质显化时，也会给予关注，这会让这种显化不断扩展。然后，随着时间的推移，这种显化——无论是不是你想要的——都会被称为"事实"。

我们希望你记住，对你在自身体验中创造的"事实"，你有绝对的选择权。一旦你明白，人们之所以具有种种体验，唯一的原因就是他们关注了某个主题，这样你就很容易明白，"事实"的存在只是因为有人关注了它。因此，当你说"我应该关注这样那样的事物，因为这是事实"时，这就等同于说："其他某个人把注意力放在了他们不想要的事物上，他们的这种关注把这件事物邀请到自己的体验中。既然他们把不想要的事物邀请到自己的经验中，我也应该这么做。"

你可以将许多美好的事物作为你的事实，也可以将许多不那么美好的事物作为你的事实——自主创造就是主动选择一些体验，让它们成为你的事实。

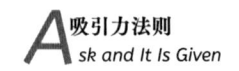

◆ 你的吸引点正在受到影响

当某种思想被你激活，但还很笼统、不太集中时，它所散发的磁场就非常微弱，可以说，还没有太大的吸引力或牵引力。因此，在早期阶段，你很可能不会觉察到注意力放在某个主题上的显化证据。尽管你还没有发现证据，但其他想法已经开始散发磁场，与你的这个想法进行匹配。换句话说，你的这个想法变得越来越强烈；它的吸引力越来越强，类似想法的磁场也开始汇入进来。而且，随着你这个想法获得动力，你的情绪将会出现读数，显示这种不断增长的思想磁场与你本源能量的匹配程度。如果它与你的本我匹配，你就会通过良好的情绪将之反映出来。如果它与你的本我不匹配，你就会通过糟糕的情绪将之反映出来。

例如，在你小的时候，你的祖母可能会对你说："你真是个好孩子。我非常爱你。你将拥有幸福美满的人生。你聪明灵巧，你出生在这个世界，会使所有人受益。"这些话会让你感觉良好，因为它们与你内心深处的磁场匹配。但是，如果有人对你说："你很坏。你应该为自己感到羞耻。你惹我生气了。你做事不得体。"听到这些话，你就会感到很糟糕，因为你关注这些话，这导致你的磁场与你的本我和本有认知不匹配。

你的感受是一个清晰而准确的指示器，会显示你与本源能量是否保持一致。换言之，你的情绪会让你知道，你是在顺应与本源的连接，还是在抵抗与本源的连接。

当下的心境就是你情绪设定值的指示器

当你持续专注于某个想法时,这种专注就会变得越来越容易,因为吸引力法则会让更多类似的想法供你采用。因此,从情绪层面看,你正在形成某种心境或态度。从磁场层面看,你正在形成一种习惯性的磁场节奏——或者说形成某个设定值。

你的心境明确显示出你正在召唤什么进入你的体验。你的心境(或者说你对某件事的总体感觉)明确体现了你所训练的磁场。换言之,只要某个主题通过你所处的环境被激活,你的磁场就会立即跳转到你最熟悉的磁场位置或设定值。

比如说,在你小时候,你父母的经济状况陷入严重的困境。因此,家里经常讨论缺钱和无法购买所需物品的问题,伴随而来的是忧虑和恐惧的情绪。通常,当你提出某种要求时,父母会告诉你"钱又不是大风刮来的","不可能你想要什么,就有什么",以及"你得像家里其他人一样,学会不花钱。这才是过日子的方法……"。由于多年来一直受到这些"匮乏"思想的影响,你在金钱问题上的思维习惯——这也是你的情绪设定值——让你对取得财富成就的期望很低。因此,每当你想到金钱或财富时,你的心境或态度就会立即变得失望、忧虑或愤怒。

或者,在你幼小的时候,你朋友的母亲在一场车祸中丧生,你的朋友经历了严重的童年创伤,与这样的人密切交往,让你对父母的平安感到忧虑。每当他们乘车外出时,你就会被恐惧笼罩,直到他们平安回家。就这样,你慢慢养成习惯,为所爱之人的幸福感到忧虑。你的情绪设定值处于缺少安全感的状态。

或者,在你十几岁的时候,也许你的外婆突然死于心脏病。

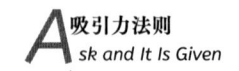

在这之后的几年里，你经常听到你的母亲表达她的担忧，担心同样的事情很有可能发生在她和她的孩子们（包括你！）身上。每次谈起外婆，大家往往会想起她因突发心脏病而去世的往事，因此情绪激动，心生忧虑。尽管你的身体很强壮，状态也一直很好，但内心深处总是浮现生命无常的阴云。于是，随着时间的推移，你的情绪设定值也就变成了对生命无常的担忧。

◆── 你可以改变自己的情绪设定值

既然你的情绪设定值可以改变，从感觉良好或拥有安全感转变为感觉糟糕或没有安全感，当然也可以从感觉糟糕转变为感觉良好，因为你只需要通过关注某个主题，训练你的思想，就可以实现想要的设定值。

然而，大多数人并不会自主地去思考，相反，他们会放任自己的思想，随意去关注周围发生的一切：这件事发生了，他们就去观察。他们对所观察到的事物产生情绪反应。由于他们通常觉得自己无力控制自己观察到的事物，因此他们得出结论，认为自己无法控制由此产生的情绪反应。

我们希望你明白，实际上，你可以完全控制你要实现的设定值。我们希望你明白，自主地实现自己的设定值是大有裨益的。因为，只要你心中期待某件事，它自然就会到来。这件事呈现出的细节可能会多种多样，但磁场的本质总是完全匹配的。

第十三章
让感受来导航

另一个需要牢记的重要前提是，你是本源能量的物质延伸，本源能量的永恒之流流向你，并经过你——本源能量就是你。在你的物质生命诞生之前，这股能量之流就已经存在，即使你这个物质生命经历了"死亡"，这股能量之流也还会继续存在。

你的情绪会让你知道，你当下拥有的愿望正在召唤多少本源能量。这些情绪还会让你知道，你在某个主题上产生的主导性思想是与你的愿望相匹配，还是与你求而不得的状态相匹配。例如，如果你感受到激情或热情，这表明你当下的愿望非常强烈；如果你感受到愤怒或想要报复，这也表明你当下的欲望非常强烈；然而，如果你昏昏欲睡或感到无聊，这表明你当下聚焦的欲望非常少。

如果你真的非常渴望某件事物，你一直在思考自己的愿望，并从这个想法中感受到愉悦，你的思想产生的磁场就与愿望一致——来自你本源的电流就在你体内流淌，毫无阻碍地流向你这

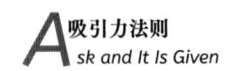

个愿望。我们称此为"顺应"。然而，当你非常渴望某件事物，但感到愤怒、恐惧或失望时，这就意味着你把注意力放在了与愿望相反的地方，这样做，你就在你的磁场综合体中引入了另一种不匹配的磁场——而你现在体验到负面情绪的强烈程度，反映出你在接收愿望时的抵抗程度。

❖ 学会关注你的感受

如果你生起强烈的情绪——无论是感到良好还是感到糟糕——都说明你的愿望也很强烈。如果你生起的情绪很微弱，就说明你的愿望并不是很强烈。

如果你的情绪状态良好——无论它是强烈还是微弱——你都是在顺应愿望的实现。

如果你的情绪状态糟糕——无论它是强烈还是微弱——你都没有顺应愿望的实现。

你的情绪完全就是自身磁场内容的指示器。因此，你的情绪完美地反映了你当下的吸引点。这些情绪随时都能帮助你，让你了解当下自己是否在顺应愿望的实现。

你可能认为无法控制自己的情绪，或者认为应该控制自己的情绪，但是我们希望你用另一种方式处理自己的情绪：我们鼓励你关注自己的感受，顺应你的情绪，让它成为有价值的指示器。

❖ 感受的缺失也在向你显示重要的信息

当汽车的燃油表显示油箱没油的时候，你不会责怪燃油指示器。你接收到它提供给你的信息，并采取行动，为油箱加油。负面情绪也类似于这样的指示器，它表明，你当下选择的思想散发出与你本源能量不一致的磁场，以至于你无法顺应自己与本源能量完全建立连接。（这表明你的油箱快没油了。）

你的情绪并不会创造什么，但会显示你目前正在吸引什么。如果你的情绪让你知道，你所选择的思想并没有把你带向预期的方向，那么你就应该对此采取行动：**选择让你感觉更好的想法，重新建立连接。**

◆ "追随内在的喜悦"是积极的想法

正如我们之前提到的，对积极思想力量的论述已经很多了，我们当然也是积极思想的倡导者。对人们来说，没有比"追随内在的喜悦"这句话更好的指引了，因为在不断追求内在喜悦的过程中，你必须与本源能量保持一致。而在这种持续保持一致的过程中，你就会水到渠成地获得幸福。但是，当你发现自己置身于某个环境，它让你的磁场与幸福相去甚远时，那么追求幸福就成了不可能的事情，因为吸引力法则不允许你的磁场进行这样的跳跃，就像你如果将收音机调谐器调到101FM，就无法收听98.6FM正在播放的歌曲一样。

◆ 你有能力引导自己的思想

你有能力引导自己的思想；你可以选择如实地去观察事物，也可以选择把事物想象成你希望的样子——无论你做出什么选

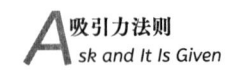

择，无论你是想象还是观察，都具有同样强大的力量。你可以选择回忆实际发生的事情，也可以选择想象自己希望发生的事情；你可以选择回忆令你高兴的事情，也可以选择回忆令你不高兴的事情；你可以选择期待你想要的东西，也可以选择纠结于你不想要的东西。不管你怎么选择，你的想法都会在内心散发磁场，这就是你的吸引点，然后种种境遇和事件就会纷至沓来，与你产生的磁场相匹配。

你有能力将注意力放在自己选择的任何地方，因此，你可以让注意力离开你不想要的事物，将其放在你想要的事物上。但是，当内心的某种磁场经过你长期的训练后，你就倾向于继续以熟悉的方式散发磁场——无论你多么渴望改变它。

如果你懂得循序渐进的方式，改变你的磁场模式就并非一件难事。一旦你明白磁场如何工作，如何影响你的体验，最重要的是，你的情绪向你提供了哪些磁场信息，你就可以稳步、快速地朝着实现所有愿望的方向前进。

如果我们站在你的立场上

你的工作不是让事情发生——宇宙力量已经将这一切安排就绪。你的工作只是确定自己想要什么。你不断地列出自己的偏好，无法停止，借助自己的生命体验，你有意无意地确立自己的偏好，并按照自己觉得重要的方式，努力让生活变得更好——不管是有意还是无意，你的每一次付出（或祈求）都会获得本源的回应。

当你的生命体验能够帮助你明确地了解你不想要的事物时，

也会帮助你明确地了解你想要的事物。但是，当你痛苦地意识到自己不想要的事物时，你就与你想要的事物不一致了。当生起某个愿望，但是认为它不可实现的时候，你就处于不一致的状态；当生起某个愿望，却因为没有实现它而感到不开心时，你就处于不一致的状态；当看到别人拥有你渴望的东西，因此感到嫉妒时，你就处于不一致的状态。

如果我们站在你的立场上，我们就会集中注意力，使我们与自己的愿望和偏好保持一致——我们会有意识地通过感受实现这样的一致性。

你无法抑制与生俱来的愿望

你所有的愿望、希望或偏好都自然而然、源源不断地从你身上散发出来，因为你站在宇宙的前沿，宇宙就是这样创造万物的。因此，你无法抑制自己的种种愿望；这个宇宙的永恒本质持续地让你的愿望喷薄而出。这就是这个永恒扩展的宇宙的基本原理：

- 多样性导致省思。
- 省思导致偏好。
- 偏好导致祈求。
- 祈求总会获得回应。

关于你的生命体验是由你自己创造的这件事，其实你只需要问一个重要的问题：既然我的体验产生了种种愿望，我如何才能

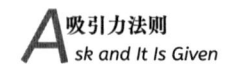

使自己的磁场与这些愿望保持一致?

答案很简单:关注自己的感受,有意识地选择让自己感觉良好的任何想法。

第十四章
你诞生之前就已经知道的事情

你最好要记住，你是创造者，来到这个时空现实的前沿，是为了将本源能量引导到具体的物质生命体验中，从而体验到快乐。

当来到这具肉身时，你就知道自己是创造者，地球环境会启发你进行具体的创造。你也知道，只要发出祈求，就能得到回应。当你展望未来，知道自己的具体愿望能够实现时，也会兴奋不已，因为你知道本源一直在你体内流淌，让这些愿望得以实现。

你还知道以下几点：

- 通过不断追求快乐或幸福的感觉，你将始终朝着自己的愿望迈进。
- 在朝着愿望迈进的过程中，你会体验到快乐。
- 在以地球为基础形成的环境中，你游刃有余地塑造自己的

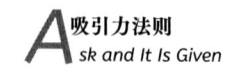

磁场，让自己处于一个令人愉悦的位置，从而吸引美妙的生命体验。
- 既然幸福是这个美妙宇宙的基础，你就有足够的机会——通过不断产生想法——将自己的思想塑造成愉悦的生命体验。
- 幸福无处不在，所以即使你即将进入迥异的全新环境，也不会觉得有任何风险，也不会忧心忡忡。
- 多样性会帮助你选择适合自己的生活。
- 你的工作就是引导自己的思想，在此过程中，生命不断向你展开。
- 你是本源能量的永恒延伸，美和善是你本我的基础。
- 你将能够轻松地让你最初的本源幸福不断地在体内流淌。
- 你永远不会远离你的本源，也永远不可能完全将自己从本源中抽离。
- 你在当下就能体验到各种情绪，这些情绪将帮助你理解自己的思想方向，你的情绪随时都会告诉你前进方向是否背离愿望。
- 通过每时每刻的感受，你就能知道自己在多大程度上顺应了幸福之流。因此，你是带着对美好生活的热切期待，前来体验地球生活的。
- 此外，你也知道，任何想法都不会立即显化出来，因此，你有充分的机会去塑造、评估、决定和享受创造的过程。

我们将你产生某个想法到它物理显化之间的这段时间称为"缓冲时间"。这是一段美妙的过程，你产生某个想法，注意到

它带来的感受，调整想法以获得更好的感受，然后，你用全然期待的态度，享受被你归为愿望的一切事物，它们在温柔、稳定地展开。

——"既然我知道这么多，为什么不能成功？"

你既然渴望某件事物，就没有任何理由不去拥有它；你既然不想拥有某件事物，就没有任何理由体验到它——因为你对自己的体验拥有绝对的控制权。

有时候，人们并不同意这种强烈的论断，因为他们经常发现无法拥有自己渴望的事物，或者发现自己拥有不想要的事物。于是，他们争辩说，他们肯定不是自身体验的真正创造者，因为他们绝对不会为难自己；如果他们真的能控制一切，情况就不会如此。

我们希望你知道，你始终拥有这样的力量，能够控制自己的生命体验。之所以会出现事与愿违的情况，唯一的原因就是，你把大部分注意力都放在了你所不希望体验的事物上。

· 真的能信赖吸引力法则吗？·

吸引力法则一直是让你的思想获得平衡的关键所在。这没有任何例外。你在想什么，就会得到什么，无论它是否符合你的心意。 久而久之，经过不断的练习，你会逐渐明白，吸引力法则始终如一：它永远不会对你耍花招，永远不会欺骗你，永远不会让你感到困惑，因为吸引力法则会根据你散发的磁场，准确地做出回应。但是，许多人之所以产生困惑，是因为他们并没有意识到

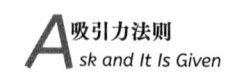

自己散发的磁场。他们知道自己持有某个特定的愿望，也知道自己的愿望还没有实现，但他们往往没有意识到，他们的大部分想法都与自己的愿望背道而驰。

一旦你了解了自己的情绪导航系统，在散发磁场的时候，你就再也不会浑然不觉了。久而久之，你就会对自己的宝贵情绪生起敏锐的觉知，你每时每刻都会知道，你在当下所关注的想法是在引导你迈向愿望，还是在引导你远离愿望。你将学会在所有事情上，在感受的引导下，去实现自己的愿望。

你所在世界的基础是幸福。不管你是顺应它，还是抵抗它，幸福都是基础。吸引力法则认为：相似者相互吸引。因此，无论你关注什么，它的本质都会在你的体验中呈现出来。因此，没有什么是你不能成为、不能做到、不能拥有的。这就是吸引力法则。

◆ 但我无法从凤凰城到达圣迭戈！

如果这些说法都是真的（我们向你保证绝对是真的），那么为什么许多人正在经历他们不想要的体验呢？

请思考这个问题：如果我在亚利桑那州的凤凰城，而我的愿望是去加利福尼亚州的圣迭戈，那么，我该如何去圣迭戈呢？人们很容易就知道这个问题的答案：无论你乘坐什么交通工具——飞机、汽车，甚至步行——只要你朝圣迭戈的方向一直前进，那么，你就一定能到达圣迭戈。

如果你朝着圣迭戈的方向前进，但随后你失去了方向感，又朝凤凰城的方向前进，然后你又转回来，朝圣迭戈的方向前进，然后你又迷路了，又朝着凤凰城的方向前进……你可能就这样在来回奔波中度过余生，可以想见，你可能永远也到不了圣迭戈。但是，由于你知道圣迭戈的方向，再加上路标和其他旅行者的帮助，如果说你永远迷失在亚利桑那州的沙漠中，找不到去圣迭戈的路，这也是不合逻辑的。我们很容易就知道，两座城市之间的距离是400英里[①]，完成这次旅行的想法也完全是靠谱的，如果你想实现这次旅行，就一定会找到办法实现它。

我们希望你明白，无论你身处何方，想到哪里去，只要你知道如何辨别沿途的位置，就可以轻松完成你的旅程，就如同从凤凰城到圣迭戈一样。

举例来说，你想从负债累累变得腰缠万贯，这之所以看起来困难重重，是因为你并没有意识到，你什么时候转过身，朝着相反的方向前进。此外，你改变亲密关系匮乏的状态，渴望一段完美、充实、有价值的爱情，但是你却无法完成这段旅程，唯一的原因就是你没有觉察到自己思想和言语的力量，是它们让你无法实现愿望，就像你想前往圣迭戈，但是却到了凤凰城。你清楚地知道从凤凰城到圣迭戈的所有条件，但你却不了解从疾病到健康，从关系破裂到关系融洽，或者从捉襟见肘到财富自由的所有条件。

一旦清晰地了解情绪所反映的一切，你就知道你当下思想的动向。你将总是能够觉察到，此时此刻，你是在朝着自己的预期目标（愿望）前进，还是在与它背道而驰。你对自身感受的觉知，将会给你带来梦寐以求的清晰认知——你再也不会迷失在沙漠中了。一旦知道自己正朝着愿望的方向不断前进，你就可以开始放松一下，享受这段奇妙的旅程。

[①] 1英里约合1.6公里。——编者注

第十五章
你与世界都是完美并不断扩展的

你最好要了解以下的事情:
- 你是本源能量的物质延伸。
- 你所生活的物质世界为你提供了一个完美的创造环境。
- 世界的多样性有助于你关注自己的个人愿望或偏好。
- 当某个愿望汇集于你体内时,就会召唤创造性的生命力量,使其立即开始向你的愿望流动——宇宙也随之扩展。这是非常好的事情。
- 即使你没有主动意识到创造的过程,这个过程也会继续下去。
- 你物质身体所处的前沿环境会不断被激发,让所有参与者产生新的愿望。
- 所有愿望或偏好,无论在你看来有多强烈或多微弱,都会被一切万有所理解和回应。
- 当每一个觉知者的每一个愿望都获得回应时,宇宙就会不断扩展。

- 随着宇宙的扩展,多样性也随之增长。
- 随着多样性的增长,你的体验也越来越丰富。
- 随着你的体验越来越丰富,你的愿望也在不断增加。
- 随着你的愿望在不断增加,对你愿望的回应也在不断增加。
- 因此,宇宙就会一直扩展,而这是好事。实际上,这是非常完美的事情。
- 你生活在永恒扩展的环境中,它使新的愿望不断在你的内心汇集,而本源总会立即回应你的这些愿望。
- 每次接收到自己的愿望时,你就会处于一个新的有利位置,从而自发地再次提出祈求。
- 因此,宇宙的扩展和你个人的扩展将一直这样进行:

——你生活在一个不断扩展的宇宙中。

——你生活在一个不断扩展的物质世界中。

——你是一个不断扩展的生命。

——不管你是否有意识地理解到,所有都是如此。

——这个宇宙在不断扩展,你也在不断扩展。

——这一切都是好事。

有意识地参与自身美妙的扩展

我们之所以热切地向你介绍我们的观点,原因只有一个:这样你就可以有意识地参与到自身美妙的扩展中来。**你的扩展是必然的,你的时空现实的扩展是必然的,这个宇宙的扩展也是必然的。对你来说,主动、有意识地参与自身的扩展会给你带来更大的满足。**

第十六章
你在共同创造这个美妙的多样化宇宙

只要你能够想象出来，甚至只要你想到它，这个宇宙就有能力和资源将它完全呈现在你面前，因为这个宇宙就像储藏充足的厨房，所有你能想象到的食材都任由你取用。宇宙的每一个粒子都包含你想要的特性，也包含你不想要的特性。这种丰足和匮乏并存的环境，就可以让你的注意力形成焦点——而焦点就能激活吸引力法则。

如果你无法知道自己想要什么，也就无法知道自己不想要什么。无法知道自己不想要什么，也就无法知道自己想要什么。因此，正是因为你身处各种生命体验中，你的自然偏好才会产生。事实上，每天，在你存在的许多层面上，这些偏好每时每刻都在从你身上散发出来。身体受到你精心的呵护，组成身体的细胞也有自己的体验，也在散发着自己的偏好——而每一个偏好都会被本源识别，并立即回应，无一例外。

◆ 顺应不想要的，才能获得想要的

有时，人们会表达他们不想要这样一个多样化的宇宙的愿望。他们渴望有一个地方，那里没有那么多他们不想要的东西，而更多的是他们喜欢的东西。我们总是解释说，你之所以诞生并具有物质体验，并非要把所有存在的体验都精简为少数几个大家都认可的美好想法，因为那样会导致终结性，而终结性是不可能的。你身处一个不断扩展的宇宙，必须允许一切事物存在。换言之，要想理解和体验你想要的事物，你就必须理解你不想要的，因为为了能够做出选择并保持专注，这两者都必须存在并被你理解。

◆ 你的诞生并不是为了修复一个破碎的世界

你通过物质体验来表达非物质的本源能量，你的物质体验实际上是思想的前沿。当你对自己的创造性体验进行微调时，你也在不断超越以前的思想。

当你进入这具肉身，并以这种方式进行创造时，通过你的非物质视角，你就会知道，这个物质世界并没有破碎，也不需要修复，而且你也不是为了修复它而诞生的。

你原本把这个物质世界看作一个创造性的环境，在这个环境中，你和其他人都可以创造性地表达自己——你诞生于此，并不是为了让其他人停止他们正在做的事情而去做别的事情。你的诞生是为了理解对比中的价值和多样性中的平衡。

所有物质生命都是你的伙伴，与你共同创造，如果你能够接

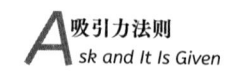

受这一点，并欣赏各种信念和欲望构建的多样性，那么你们所有人都会拥有更广阔、更满意、更充实的体验。

◆ 不要在蛋糕里放不想要的配料

你想象自己是厨师，厨房里的食材非常丰富，应有尽有。假设你对自己想要烹饪的食物有清晰的想法，并且知道如何将手头的食材组合起来，从而实现自己的愿望。在烹饪的过程中，有很多食材并不适合，所以你没有使用它们，但你也不会因为它们的存在而感到不舒服。假设你想制作蛋糕，那么只需要利用那些能提升制作效果的食材，而将那些不适合的食材排除在配料之外。

在这间食材储备充足的厨房里，有些食材与你的制作相得益彰，有些则不然。但是，即使在烹饪的时候，加入某些食材肯定会毁掉你的蛋糕，你也觉得没必要反对这些食材，也不会禁止它们进入厨房，因为你明白，只要你不把它们放进你的蛋糕里，它们就绝对不会出现。既然你清楚哪些食材能提升你制作的蛋糕的水平，哪些食材不能，那么你就不会担忧厨房里储存了各种各样的食材。

◆ 你有足够的空间容纳各种不同的想法和体验

从你的非物质视角来看，你的世界中存在着各种各样的体验、信念和愿望，你知道没有必要忽略或控制其中的一些。**你明白，在这个广袤的宇宙中，你有足够的空间容纳各种思想和体验。你会有意识地对自己的生命体验和创造进行创造性的控制，**

但你并不必控制他人的创造。

这些多样性并没有让你心生畏惧，反而激励了你，因为你知道，你们每个人都是自身体验的创造者，你也明白，体验到对比会将你的内心导向特定方向，仅仅因为别人可能做出了不同的选择，这并不意味着你对他错，或者他对你错。你明白多样性的价值。

你的宇宙就是通过这样的方式不断扩展的

因此，从多样性或对比中，你会产生自己的偏好或愿望。在你的偏好诞生的那一刻，通过吸引力法则，它就开始吸引与之相匹配的事物的本质，然后它就立即开始扩展。

当你关注自己的感受方式，根据产生的新偏好，继续选择能让你感觉良好的想法时，你就会与这种新的偏好保持一致，这种事物就会水到渠成地出现在你的体验中——这样，你就实现了自己的愿望。但是，随着你的这个愿望在物质层面得到全新的显化，你的视角也在进化。因此，你的磁场性质和你身上的一切都发生了改变，你进入了一组全新的对比环境，这将再次激发你的内心，产生新的偏好——现在，新的愿望焰火继续从你身上喷射而出。

这个全新愿望在诞生的瞬间，也开始散发磁场，并不断扩展。所以，现在，你继续关注自己的感受，并根据这个新诞生的偏好，选择让自己感觉良好的想法，你的磁场就会与它保持一致。因此，它就会水到渠成地出现在你的体验中。你再一次实现了自己的愿望。同样地，你又处于一个非常清晰的状态中，另

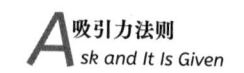

一组新的对比因素环绕着你——这将再次导致全新愿望焰火的喷发……

这就是宇宙扩展的方式，也是你处于扩展前沿的原因。对比是很有价值的，不断孕育着无穷无尽的新愿望，当每一个愿望诞生时，本源都会对它做出回应。这是一种永无止境、迁流不息、纯净、积极的能量扩展。

❖ 享受这个无止境的旅程吧

一旦你从自己的创造性角度出发，去观察每一个新的成就是如何引发另一个新愿望的，你就能亲身体会到自己在这个广袤宇宙中发挥的作用。而且，随着时间的推移，你就会知道，这一切都是无止境的，因为你的对比觉知从未停止过，它会不断诞生新的想法或愿望。整个宇宙就是这样形成的。随着你自然而然地意识到自己是永恒的生命，你的愿望永远不会停止流动，任何愿望的诞生都具有力量，（通过吸引力法则）吸引一切扩展所需的条件，并让自己得以实现。然后，你就会明白，这个宇宙建立在充沛的幸福之上，你就会自然而然地意识到你自身存在的永恒性。到那时，你才会开始享受你的旅程。

如果你的目标是一劳永逸地实现所有愿望，那么你会发现，自己永远无法实现这个目标，因为宇宙不断扩展的本质与你的这个想法背道而驰。**你永远无法实现它，因为你永远无法停止存在，也永远无法停止你的觉知。然而，从你的觉知中一直会产生新的祈求，而每一个祈求总会召唤出另一个回应。**

你的永恒本质是一种扩展——这种扩展中蕴藏着无法形容的

喜悦。

◆ 感受环境的平衡与完美

因此，对比会让你产生新的愿望。新的愿望不断从你身上散发出来，当你的新愿望散发出磁场的时候，这个愿望就得到了回应。每一次都是如此。只要发出祈求，就能得到回应。

现在想想这个过程的完美性：**你不断产生新想法，以提升你的体验，并不断得到回应。**

想想这个宇宙环境的完美性：**每一个意识点都在改善自己的存在状态，就像你的每一个愿望都会得到理解和回应，每一个视角都会得到尊重和回应。**

感受你所处环境的平衡与完美：**每一个意识点，甚至是你身体中一个细胞的意识点，都可以提出祈求，改善存在的状态，并得到满足。**

◆ 因为每个祈求都会得到满足，所以没有竞争

每个观点都很重要；每个祈求都会得到满足；随着这个奇妙的宇宙不断扩展，将有无穷无尽的宇宙资源来满足这些祈求。对无穷无尽的问题，回应也是无穷无尽的——正因为如此，没有竞争。

别人不可能获得原本属于你的资源，你也不能自私地浪费原本属于他人的资源。所有的愿望都会得到回应，所有的祈求都会得到满足，没有人得不到回应，没有人得不到爱，也没有人得不

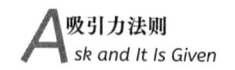

到满足。当你与自己的能量之流保持一致时，胜利永远属于你，但别人不必因为你的胜利而失败。一切都是充沛的。

有时候，人们很难明白这个事实，因为他们在自己的体验中可能会感受到某种匮乏，或者观察到别人存在匮乏的体验。但是，他们所看到的并不是匮乏，不是资源不足的证据，而是在自己的祈求获得回应后，没有顺应接收到的资源。**第一步已经完成**——你进行了祈求；**第二步**也完成了——你获得了回应；而**第三步**——顺应，没有出现。

如果一个人没有接收到他祈求的事物，这并不是因为资源不足，而只能是持有愿望的人与自己的祈求并没有保持一致。根本不存在不足，根本不存在匮乏，也根本不存在为了资源进行竞争，一切都取决于你是否顺应自己的祈求而已。

第十七章
你在哪里，你要去哪里？

你见过现代汽车配备的全球定位导航系统吗？车顶的天线会向天空中的卫星发送信号，以确定你当前的位置。一旦你输入目的地，计算机就会计算出你所在位置与目的地之间的路线。显示器会告诉你要走的距离，并推荐到达那里的最佳路线，一旦你开始前进，系统就会通过语音或文字向你提供具体的路线指引，引导你到达下一个目的地。

导航系统从不问："你去过哪里？"也不会问："你为什么在那里待了那么久？"它唯一的使命就是帮助你，让你从当前位置到达你想去的地方。你的情绪也为你提供了类似的导航系统，因为情绪的主要作用也是帮助你从当前位置到达你想去的地方。

为了更有效地抵达你想去的地方，了解当前所处位置与目的地之间的关系是极其重要的。如果你打算对人生旅程做出自主的决定，那么了解当前的位置和目的地也是至关重要的。

在你所处的物质环境中，你被许多影响因素所包围，此外，

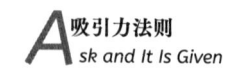

其他人为了自身获得积极的体验，常常固执地要求你改变行为方式。你的周围充斥着各种法律、规则和期望，这些都是他人强加给你的，几乎所有人都固执己见，让你按照他们的观点行事。但是，如果你受制于这些外部影响，让它们来引导自己，在从当前位置前往目的地的途中，你就不可能一帆风顺。

为了取悦他人，你常常被人左右摆布，然而，你发现，无论你如何努力，都始终无法心情愉悦地前进，这样一来，你不仅无法取悦他人，也无法取悦自己。而且，由于你被人朝着不同方向拉扯，在此过程中，你往往会迷失方向。

❖ 你能给予他人的最好馈赠，就是你自己的快乐

你能给予他人的最好馈赠，就是你自己的快乐。因为当你处于喜悦、幸福或感激的状态时，你就与纯净、积极的本源能量之流完全相连，这才是你的本我。当你处于这种连接状态时，你所关注的任何事或人都能从你的关注中受益。

任何人都不必为了自己获得满足而让你成为什么或让你做什么——因为他们像你一样，全都能进入幸福之流。一些人往往不知道自己也能进入幸福之流，他们因无法让自己感觉良好而痛苦，所以让你按照他们的方式行事，以为这样就能让他们的感觉变得更好。但是，当他们试图让你为他们的快乐负责时，他们不仅让你感到不舒服，他们自己也受到了束缚。因为他们无法控制其他人的行为方式，而如果他们认为这种控制是自身快乐的必要条件，那么他们就真的会陷入困境。

◆ 你的幸福并不取决于他人的行为

你的幸福并不取决于他人的行为，而只取决于你自己的磁场平衡。别人的幸福也无法被你左右，而只取决于他们自己的磁场平衡，因为任何人在任何时刻的感受都只与他们自己的能量综合体有关。你从自己最有利的位置散发磁场，而你的感受总是充当一个简单、清晰的指示器，反映你的愿望和磁场之间的平衡。

对任何人来说，在整个宇宙中，最重要的事情莫过于了解自己所散发的磁场如何与愿望相匹配，而你的感受就是指示器，反映出你是否顺应自己与本源建立的连接。每一种美好的感觉，每一个积极的创造，所有的富足、清晰、健康、活力和幸福——以及所有你认为美好的事物，都取决于你现在的感受，取决于这种感受与你的本我和愿望建立的磁场关系。

◆ 你的每个想法都让你接近或远离目的地

你能很容易地畅想自己从凤凰城顺利抵达圣迭戈，同样地，你也能很容易地畅想自己从捉襟见肘到财务自由，从疾病到健康，从困惑到清晰……在你从凤凰城到圣迭戈的旅途中，不会有什么重大的未知因素，因为你了解两座城市之间的距离，你知道你在沿途的位置，你也明白朝着错误的方向前进对你来说意味着什么。一旦了解自己的情绪导航系统，你就再也不会受困于自己当前位置与目的地之间的关系了。同时，你会发现，随着你生起每一个想法，你要么是在接近你想要的结果，要么是在远离你想要的结果。

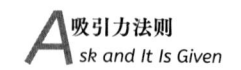

如果你把任何其他影响因素作为根本指导，就会迷失方向，偏离轨道，因为其他任何人都无法像你一样，理解你当前的位置与目的地之间的距离。但是，即使他们不能完全理解你的愿望，还是会不断地把自己的愿望强加给你。因此，只有当你关注自己的感受时，你才能引导自己，稳步朝着自己的目标前进。

对它说"不"，就意味着说"是"

吸引力法则是你磁场宇宙的基础。这意味着你的宇宙是包容的。当你把注意力集中在自己渴望的事物上，并且对它说"是"的时候，你就在接纳它，将它置于你的磁场中。但是，当你发现你不想要的事物，并对它说"不"的时候，你也是在接纳它，把它置于你的磁场中。而当你不注意它的时候，你才没有去接纳它。如果你在注意某件事物，就不能排除它，因为你每一次注意它，就是在接纳它，把它置于你的磁场中，这没有任何例外。

第十八章
逐渐改变你的磁场频率

虽然你决定调整自己的想法，但这并不一定意味着你现在就可以直接进入另一个想法，因为吸引力法则对你在当前位置所能拥有的想法是有规定的。**当然，你最终能够拥有任何想法——就像你从当前位置最终可以抵达任何地方一样——但你不能立即跳到与你习惯性想法具有截然不同的磁场频率的想法上。**

有时，你的朋友在当前的状态比你好得多，他可能会鼓励你停止消极的想法，选择更积极的想法。但是，即使你的朋友处于良好的状态，也不意味着他可以把你带到那里——因为如果你想要达到的磁场频率与惯常频率悬殊，吸引力法则就无法将你带到那里。即使你真的希望自己的感受变得更好，你也可能觉得，自己无法根据朋友的希望，找到那种令人愉悦的想法。但是，我们希望你明白，你最终能够获得这种想法，而且一旦你有意识地逐渐改变了自己的磁场频率，获得这个频率后，就能够保持更积极的状态。

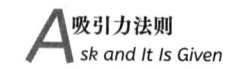

当你发现你总是能够知道自身生命磁场的内容,因此,总是能够意识到自己的吸引点是什么时,你就会有意识地、创造性地控制自己的体验。一旦你理解到情绪是对磁场内容的具体反馈,就可以有意识地逐步调整你的磁场。

◆ 选择能给你带来最佳感受的想法

选择不同的想法往往会产生不同的情绪反应。所以你会说:"我会主动选择我的想法,让我的感受变得更好。"对你来说,这是个不错的决定。其实还有一个更容易做到,也更好的决定,那就是:"我想让自己感觉良好,所以我会选择一个让自己感觉良好的想法,让自己的感受变好。"

如果你决定"追随内在的喜悦",却一直专注于与内在喜悦相去甚远的生活状况,那么,你追随内在喜悦的心愿就无法完成,因为如果你的想法散发的磁场迥然不同,吸引力法则是无法传递的。但是,如果你决定去**追求让自己获得最佳的感受,而且这又是你力所能及的想法**,那么这就很容易实现。

提升情绪磁场量表的关键在于,你要有意识地,甚至是敏感地觉知到自己的感受,因为如果你无法觉知到自己的感受,你就无法了解你在磁场量表上的运行方向。(在返回凤凰城的路上,你很可能在绕圈子,自己却浑然不知。)

但是,如果你花一些时间,有意识地确定你当前感受到的情绪,只要你的感受在不断变好,就意味着你正在朝着目标前进,而一旦你的情绪变得更糟糕,那意味着你正在朝着错误的方向前进。

因此，对情绪磁场量表，最好的方式就是，当你释放一个更抗拒的想法时，你就要用一个更顺应的想法取代它，这样你才会感到更轻松。幸福之流一直在你体内流淌，你越是顺应它，感觉就越好，你越是抗拒它，感觉就越糟糕。

第十九章
只有你才能知道自己的感受

当你期待某事时,它就朝着你走来;当你相信某事时,它就朝着你走来;当你忧虑某事时,它就朝着你走来。你的态度或情绪总是指向即将发生的事情,但你当前的吸引点并不一定如此。在物质的旅程中,你不断拾起某些想法、信念、态度和情绪,这并不意味着你一直用吸引它们的方式进行回应。你能够创造性地控制自己的体验。通过关注自己的情绪导航系统,你可以改变自己的吸引点。

如果你不想继续自己的某些体验,那么你就必须改变自己的信念。

如果你想获得某些未曾有过的体验,那么你也必须改变自己的信念。

不管情况严重到什么程度,你都能通过选择不同的想法来扭转它。然而,选择不同的想法需要专注和练习。如果你继续像以前那样去专注,像以前那样去思考,像以前那样去相信,那么你

的体验就不会有任何改变。

◆ 生命迁流不息，所以你不能"停滞不前"

有时候，人们会说："我停滞不前了！我长久地陷入这种状态，无法摆脱。我被困住了！"我们总是解释说，你不可能静止不动或停滞不前，因为能量和生命一直在运动。万物迁流不息。

但你之所以会觉得自己停滞不前，是因为当你一直持有相同的思想时，虽然情况**正在发生变化**，但它们一次又一次地变成同样的事情。

如果你想让事情变成不同的样子，就必须持有不同的想法。而你只需要通过全新的方法来处理熟悉的主题。

◆ 其他人无法理解你的愿望和感受

他人往往热衷于指导你。世界上有无数的人——他们对你的生活提出无穷无尽的意见、规则、要求和建议，但没有人能够考虑到实现你愿望唯一重要的事情：**他人无法理解你愿望的磁场内容，也无法理解你当前位置的磁场内容，所以他们根本不具备指导你的能力。即使他们动机良善，希望你绝对幸福，也无能为力。即使他们中的许多人努力做到无私，但也永远不可能把他们对你的愿望和他们对自己的愿望区分开。**

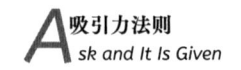

没有人知道什么适合你

当你明白"只要发出祈求,就能得到回应"的道理时,你就能感受到所处环境的完美性,每个特定的视角都可以做出选择,难道不是如此吗?

想象一下,你将参加出版社"顺应的技术"工作坊的课程。你知道课程将在何时何地举行,而且你已经在日程表中安排好了参加的时间。因此,你相对轻松地做出了所有适合你的决定。

你查看了一下课程表,知道明年将要举办大约 50 次课程,你挑选了自己最中意的时间和地点。你注意到,有一次课程将在你居住的城市举行,但日期与你的其他计划相冲突,于是你寻找另一个日期。然后,你找到与你空闲时间相匹配的日期,在这个时间范围内查找,并在某个你心仪的城市找到对应的课程。因此,你打电话给出版社,预定了这次课程的座位。

由于并不住在举办课程的城市,你意识到你需要安排住宿,并筹划前往该城市的交通方式。因此,考虑到你的具体愿望和需求,你制订了一系列的计划:你决定乘飞机前往,考虑到时间因素,你选择了距离课程所在酒店几个街区之外的一家酒店,因为你是这个酒店的特惠会员,这样可以获得更优惠的价格。(这家连锁酒店提供的床垫也是你喜欢的类型。)

到达课程所在城市后,你要在众多汽车租赁公司中选择自己喜欢的一家。在前往酒店的途中,你会停下来找到一家餐厅,这家餐厅完全符合你的口味,价格也合适。你把自己照顾得非常好。事实上,你安排了一次完美的旅程。

但是,如果出版社认为,他们在举办课程上具有丰富的经验，应该由他们为你制订计划。因此，他们统计成千上万学员的情况，并为你做出安排。

根据你的住址，他们认为你更愿意参加在家乡举办的课程，所以就为你报了名。但后来你解释说，你在时间安排上有冲突，于是他们进行了调整，给你寄送了一张入场券，举办课程的地点是你喜欢的城市。

同样地，他们也做出安排，为你选择他们觉得合适的航空公司、汽车租赁公司、酒店和餐厅，但是他们的选择根本无法让你满意。在这些事情上，你自己可以更好地做出决定。

当你明白"只要发出祈求，就能得到回应"的时候，就知道由自己做出选择是多么美妙和合适的事情，因为没有中间人代表你进行干预，宇宙的运作会更有效率。其他任何人都不知道什么是适合你的，但你自己知道。在当下这一刻，你总能知道什么是最适合你的。

第二十章
阻碍他人的自由,会让自己失去自由

是的,当你发出祈求时,就必能得到回应,但你必须与所祈求事物的磁场保持和谐,才能让它进入你的体验。很多人之所以不懂得或不相信自己所祈求的一切都得到了回应,是因为他们没有从磁场的层面有意识地觉知到自己在做什么。他们无法有意识地将自己的想法、受到这些想法激发产生的感受和正在显化出来的事物连接起来。如果没有这样建立起连接,你就无法知道你与自身愿望之间的关系。

当你知道自己渴望某件事物,但发现自己没有拥有它时,你会认为是外部事物阻碍你获得它,但事实并非如此。阻碍你的愿望得以实现的唯一原因,就是你的习惯性想法与你的愿望不同。

一旦你意识到自己的思想的力量,意识到自己有能力顺应自己的愿望,就能创造性地控制自己的体验。但是,如果你主要关注自己集中思想所能带来的结果,而不是在你的思想中感受你的方向,那么你就很容易迷失方向。

◆ 一切"现实"都是因为有人关注才存在

有时人们会说:"我只是如实地告诉你们这一切。我只是在面对现实情况。"我们说,甚至在你还不知道现实由你创造的时候,人们就教导你要面对现实……在现实由你创造的情况下,你才要面对现实,因为一切"现实"都是有人关注才存在。

有人会说:"但这是一件真实的事情,因此我应该去关注它。"我们要说的是,你关注什么,就创造出什么——事实是由你创造的。因此,你应该主要关注自己的感受,而不是过多地关注正在显化出的事物,这才对你大有裨益,因为如果你把注意力主要放在事物的现状上,就会阻碍事物的扩展。

即使你关注自己和别人的种种体验,但这些统计数据都只反映已经流逝的能量。它们与任何现实都无关。

在当前的社会中,许多人在收集人类经验的统计数据。他们终其一生都在比较各种经验,并分门别类,把它们分为恰当或不恰当、正确或错误。他们逐一权衡每件事的利弊和善恶,却很少意识到他们散发的磁场并不是在为自己服务。他们丝毫没有察觉到自己的力量,因为他们的能量向着相反的方向流动。在生活中,人们热衷于给地球上其他人的行为或经历贴标签,而不是自己去创造。

因此,他们发现自己陷入非常不舒服的境地,因为他们开始相信自己的幸福取决于他人的行为。他们对其他人的行为或信念指指点点,说它们不合适,对这些人说不,他们并没有意识到,他们体验到的磁场与自己的愿望是背离的。因此,由于不知道那些不符合心意的事物如何进入自己的体验,人们变得越来越胆怕，越来越恐惧。

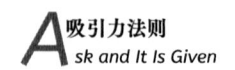

❖ 如果你没有邀请，不如意的事物不会闯入你的体验

如果你想获得自由，摆脱不如意体验带来的恐惧，就永远不要试图去控制别人的行为和意愿。只有调整自己的磁场吸引点，你才能获得自由。

如果你不了解吸引力法则，无法有意识地觉知到自己的磁场吸引点发挥什么作用，你试图控制周围的环境，这是可以理解的。但是，你根本无法控制你周围的种种环境。然而，一旦你学习过吸引力法则，意识到自己的想法会带来什么样的感受，当不如意的事情闯入你的体验时，你就再也不会感到恐惧了。你会明白，如果你没有邀请，任何事物都不会闯入你的体验。因为在这个以吸引力为基础的宇宙中，凡事不能一概而论，如果你的磁场没有与它达成和谐一致，它就不会来到你身边；除非你的磁场与它达成和谐一致，否则它就不会来到你身边。

即使是你们中间最年幼的，例如你的小宝宝，也在提供与宇宙相匹配的磁场。和你一样，年幼的小宝宝也受到身边人磁场的影响，但他们正在创造自己的现实。和你一样，他们并不是在进入肉身后才开始创造自己的生命，早在他们的肉体诞生之前，他们就已经启动了现在的生命体验。

人们告诉我们，他们最大的困惑是，他们想了解自己与非物质世界的关系，以及要如何在这个物质世界里生活和创造："但是，这样小的婴儿对我们的物质世界知之甚少，怎么可能对自己生命的诞生负责呢？"我们想让你明白，为了能够在你们的环境中生活，这个小宝宝早已进行了充分的准备，因为和你一样，他生来就有情绪导航系统，帮助自己找到前进的方向。

像你一样，这些小婴儿满心欢喜地来到你们的时空现实，渴望有机会不断地做出新的决定，并与自己的本源能量保持一致。你不必为他们担忧，你不要为任何人担忧。无论你当前处于什么样的有利位置，幸福都是这个宇宙的秩序。

记住，你的情绪会告诉你需要知道的一切，让你了解自己与本源能量所建立的连接：这些情绪一直在显示出你正在召唤多少本源能量回应你汇集的愿望；它们也一直在告诉你，在当下的思想和情绪中，你是否与愿望在磁场上保持一致。

◆ 是你的速度，还是树的速度

如果你以每小时 100 英里的速度驾驶汽车，撞上一棵树，就会酿成巨大的车祸。但是，如果你只是以每小时 5 英里的速度撞上同一棵树，结果就会大不相同。车速就如同你愿望的力量。换言之，你的愿望越强烈，或者你专注于愿望的时间越长，能量运行的速度就越快。在这个类比中，树代表着可能存在的抵抗或纠结想法。

撞树并不是什么好事，以巨大的抵抗形式维持强烈的愿望也不是什么好事。有些人试图通过降低车速来修复这种不平衡。换言之，他们否认自己的愿望，或者试图舍弃它，有时，通过巨大的努力，他们能够在某种程度上分散愿望的力量，但就目前来说，更好的修复办法是减少你的抵抗。

愿望是关注对比现象的自然结果。整个宇宙的存在就是在不断激发新的愿望。因此，如果你试图回避自己的愿望，就是在试

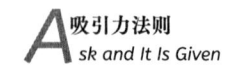

图与宇宙力量背道而驰。即使你能暂时地压制某些愿望，你的内心也会不断产生更多的愿望，因为你来到这个奇妙的对比环境中，清楚地知道，你要通过高度聚焦的视角，将创世能量集中起来。因此，在整个宇宙中，你持续不断地产生愿望，就是再自然不过的事情了。

◆ 每个愿望的背后都是对良好感受的渴望

人们之所以产生愿望，是因为他们总是相信，在实现愿望的过程中，自己会获得更好的感受。无论是想获得某件物品、身体健康、人际关系还是某种条件或环境，每个愿望的核心都是渴望获得良好的感受。因此，成功人生的标准不是物质或金钱，成功的标准完全在于你感受到多少快乐。

生命的基础是自由，生命的结果是扩展，但生命的目的是快乐。所以说，人生的重要事件从来都不是物质性的显化，而是你在当下的感受。换言之，你当初来到这个充满对比的物质世界，确定你渴望什么，并与创造世界的能量建立连接，让这股能量流向你关注的对象——不是因为你关注的对象有多重要，而是因为能量流动的行为对生命至关重要。

◆ 只要你懂得欣赏，就不会进行抵抗

记住，你是本源能量的延伸，当你顺应自己，与本源能量建立充分的连接时，你就会感觉良好，而当你不顺应自己与本源能量建立连接时，你的感觉就没那么好。你是纯粹、积极的能

量。你就是爱，期待美好的事物。你尊重并爱自己，尊重并爱别人——你天生就懂得欣赏。

你所能培养的最重要的品质就是懂得欣赏，懂得爱自己。**我们在宇宙中见证过所有事物，其中，对他人和自己的欣赏是与本源能量最匹配的磁场。**

每当你专注于自己欣赏的事物时，由于你当前选择的思想与你作为本源能量的本我非常相似，因此你的能量中没有任何矛盾。在你欣赏的那一刻，你对本我没有任何抵抗，所以你的情绪体现出爱、喜悦或感恩的感受。你产生出非常好的感受。

但是，如果你责备别人，甚至责备自己，就不会产生好的感受，因为这种责备想法的磁场与你的本源磁场大相径庭。换句话说，因为你选择了与本我不匹配的想法，所以在这一刻，通过自己的情绪，你感受到自身选择所带来的不和谐。

如果你的祖母喜欢你、欣赏你，夸你非常厉害，你就会产生非常美妙的感受，因为它能让你专注地将自己与本我连接起来。但是，如果老师或朋友因为你的某些行为而责备你，你就会感到很糟糕，因为你受到这种影响产生的思想与你的本我不匹配。

你的情绪时时刻刻都会让你知道你是否在顺应自己与本我建立的连接。当你顺应这种连接时，你就会蓬勃发展。当你不顺应这种连接时，你就不会蓬勃发展。

◆ 你必须足够自私，才能与幸福保持一致

有时候，有些人会指责我们教导人们自私。对此，我们表示同意。事实上，我们确实在教导自私，因为如果你不够自私，不

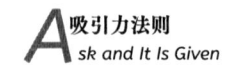

主动与本源能量保持一致，那么你就不会有什么可以给别人的。

有些人担心："如果我自私地实现了自己的愿望，岂不是不公平地夺走了别人的东西？"但这种担忧是基于一种误解，即可用的资源是有限的。他们担心，如果自己分得的蛋糕太多，别人就会一无所有，而实际上，**如果你们所有人的磁场在扩展，蛋糕也会成比例地扩展。**

你永远不会说："我身体一直很健康，我为此感到内疚，所以我决定，在接下来的几年里生病，这样我把自己的健康让给别人，那些生病的人就有机会恢复健康。"因为你明白，你在拥有健康的时候并没有剥夺他人的健康体验。

有些人担心自私的人会故意伤害别人，但与本源能量建立连接的人是不可能希望别人受到伤害的，因为这两种磁场是不相容的。

有人说："我看到了一张杀人犯的照片，他杀死了很多人，但看起来很开心，丝毫没有悔意。他说他很享受自己的所作所为。"但你无法准确地了解他的感受。你之所以体验到自己的情绪，这是基于你的愿望和你当前思想状态之间的关系，但你没有办法准确地感受到他的情绪。我们绝对向你保证，任何与本源能量建立连接的人都不会伤害他人。在防御的时候，或者在失去连接的时候，他们会猛烈攻击，但是在保持连接的时候，他们永远不会进行攻击。你必须明白，最终极的自私就是与自己的本源建立连接。当你做到这一点时，你就是在这具肉身中集中纯粹而积极的能量。

如果所有人都与自己的本源能量建立连接，世间就不会有攻击行为，因为人们不会产生嫉妒和不安全感，也不会产生令人不适的竞争感。如果所有人都了解自身存在的力量，就不会试图控制他人。任何不安全和仇恨的感受都源于你与本我失去连接。你（自私地）与幸福建立连接，就会带来幸福。

此外，最重要的是，我们希望你明白，你没有必要认为，只有其他人理解了我们所教导的内容，你才能过上美好的生活。一旦你记起你的本我，一旦你有意识地生起一些想法，让自己的磁场与本我保持一致，你的世界就将与你的本我保持一致——幸福将在你生命体验的方方面面展现出来。

◆ 如果你没有期待它，就没有顺应它

记住，每一种情绪都显示出你为自己的愿望召唤了多少能量，也显示出，在你目前所持有的与该愿望相关的主导性思想和信念中，你顺应了多少被召唤的能量。如果你感受到强烈的情绪（不管是积极的还是消极的），都意味着你的愿望非常强烈，你正在召唤大量的本源能量来实现你的愿望。如果你感受到强烈的糟糕情绪——比如抑郁、恐惧或愤怒——这意味着你正在抵抗自己的愿望。如果你感受到强烈的美好情绪——比如热情、激情、期待或爱——这意味着你丝毫没有抵抗自己的愿望，所以从磁场层面讲，你通过自己的愿望召唤来的本源能量没有受到你的任何挑战，而且你正顺应自身愿望的展开。

由此看来，最完美的创造性状态是：你内心真诚地希望获得某件事物，你也相信这完全是可能的。当你内心的愿望和信念结合在一起时，事情就会在你的体验中迅速而轻松地展开。但是，当你想实现某个你觉得不可能的愿望，或者持有让你产生不适的

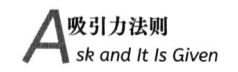

愿望时，尽管一个足够强烈的愿望可以压倒其他较弱的信念，事情也不会轻易展开，因为你并没有顺应它进入你当前的体验。

◆ 纯粹的愿望会让你获得良好的感受

不幸的是，许多人认为，那种求而不得的不适感正是愿望带来的感受；他们无法体验到早年那种纯粹愿望带来的清新、渴望、充满期待的感受。纯粹的愿望带来的感受永远是美好的，因为它体现的是从你面前延伸到不可见的未来的磁场，为你铺平道路，迎接吸引力法则为你匹配的事物。

认识到自身情绪的价值，然后有意识地努力产生各种想法，从而导致良好情绪的产生，这才是真正的自主创造。这也是顺应技术的全部内容。

◆ 你为什么想要改变现状

有时人们会说："目前的状态让我感到不开心。我想改变现状——我希望我的身体不会生病，我不会超重，有更多的金钱，或者有更好的人际关系。"

我们问："你为什么要改变现状？"

人们通常回答道："因为现状让我感到不开心。"

然后我们解释说，关键是要探讨人们所认为的"理想状态"，并试图找到那种状态的具体感受。只要有人在谈论并感受目前的状态，就不可能到达"理想的状态"。

如果你已经习惯于思考和谈论你目前的状态，那么，想要突然改变磁场，开始思考和感受截然不同的状态，并不是一件容易的事情。事实上，吸引力法则认为，如果某种想法和感受与你近期的磁场悬殊，你就无法获得它们，但只要付出一些努力，你还是能改变自己的想法。只要下定决心让自己获得良好的感受，你就可以改变关注点，找到其他想法，散发让自己感觉更好的磁场，但磁场的转变通常是一个渐进的过程。

事实上，无视吸引力法则，不断尝试在磁场范围进行大幅度跨越，是造成沮丧情绪的一个主要因素，最终导致人们得出结论：他们确实无法控制自己的人生体验。

第二十一章
17秒激活磁场，68秒开始显化

将注意力集中在某个主题上，只需要持续几秒钟，你就会在内心激活该主题的磁场，吸引力法则随即会对这个被激活的磁场做出反应。你关注某件事的时间越长，就越容易持续关注它，因为你正在通过吸引力法则吸引其他具有相同本质的思想或磁场。

你只需要对某件事情关注17秒，就会激活与之相匹配的磁场。这样，随着你的注意力越来越强，磁场也越来越清晰，吸引力法则会给你带来更多与之匹配的想法。此时，磁场的吸引力并不强，但如果你专注的时间更长，磁场的力量就会变得更强。如果你能对某个想法保持纯粹的专注，仅仅需68秒钟，磁场的力量就足以让这个想法开始显化出来。

当你反复关注某个纯粹的想法，每次至少持续68秒，在短时间内（几小时或者几天），这个想法就会成为你主导性的想法。一旦你拥有一个主导性的想法，你就会体验到与之相匹配的显化，除非你切换到另外的想法。

请记住：

- 你的想法就是你的吸引点。
- 所想即所得，不管是否符合你的心意。
- 你的想法就是磁场，而磁场会获得吸引力法则的回应。
- 当你的磁场不断扩展并变得越来越强烈时，最终会强烈到显化出来。
- 换言之，你的想法（以及由此产生的感受）和在你的体验中显化出来的事物，总是在磁场层面互相匹配。

不要担心自己的想法不受控制

一旦理解并接受了吸引力法则（这通常不需要很长时间，因为在你所处的环境中没有任何证据可以反驳它），许多人一开始都会对自己的想法感到不舒服。一旦他们理解了吸引力法则的力量，并开始审视自己的思想内容，他们有时会担心自己的想法不受控制，不知道会吸引到什么东西。但是，我们没有理由担心自己的思想，因为思想并不像是上膛的枪，可以立即造成毁灭性伤害。虽然吸引力法则很强大，但幸福是你生命体验的基础。即使你的想法产生磁场，并随着你的注意力而扩展，但是，一旦你觉察到任何负面情绪，就有足够的时间选择其他抵抗性更弱的想法，从而带来更令人满意的结果。

记住，你可以在某种程度上顺应它或者抵抗它，但幸福之流永远在流淌。因此，即使你做出一点努力，选择一个感觉更好的想法，也会给你带来明显的结果。只要你迈出了这一步，并且确

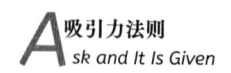

实找到了感觉更好的想法，就是在有意识地给自己带来自由，让自己从任何地方、任何话题，朝着任何你想去的地方迈进。一旦你主动选择了某个想法，并有意识地觉察到自己的感受变得更好，你就成功地利用了自己的导航系统。现在你就可以迈向你渴望并且应得的自由，因为没有什么是你不能成为、不能做到或不能拥有的。

第二十二章
情绪导航量表的不同量值

你可能会说，不同的情绪有不同的磁场频率，但更准确的说法是：你的情绪是反映磁场频率的指示器。你应该记住，你的情绪反映出你与本源能量的一致性程度，你越是拥有良好的感受，就越能顺应自己，与想要的事物保持一致，这样你就更容易理解如何对你的情绪做出反应。

与自己的本源能量保持绝对一致，这意味着你要知道以下几点：

- 你是自由的。
- 你是强大的。
- 你是善良的。
- 你是爱。
- 你是有价值的。
- 你是有追求的。

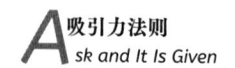

- 一切都好。

任何时候，当你生起那些让你了解自己真实本性的思想时，你就与本我保持一致，因为这是绝对一致的状态。通过连接最终产生情绪，你能感受到这些思想。你可以想想汽车的燃油表，这种一致状态就像装满油的油箱一样。

换言之，你可以想象一个带有刻度的燃油表，它不仅显示你与本源能量建立最充分连接时的刻度位置，还会显示你与本源能量无法建立连接，乃至产生最大抵抗时的刻度位置。

你的情绪导航量表看起来像这样：

（1）喜悦 / 知识 / 赋能 / 自由 / 爱 / 欣赏。

（2）激情。

（3）热情 / 渴望 / 快乐。

（4）积极的期望 / 信念。

（5）乐观。

（6）满怀希望。

（7）满足。

（8）无聊。

（9）悲观。

（10）沮丧 / 烦躁 / 不耐烦。

（11）不堪重负。

（12）失望。

（13）怀疑。

（14）忧虑。

（15）责备。

（16）气馁。

（17）愤怒。

（18）报复。

（19）憎恨/暴怒。

（20）嫉妒。

（21）不安全感/内疚/无价值。

（22）恐惧/悲伤/抑郁/绝望/无力。

因为人们经常用相同的词表示不同的意思，或者用不同的词表示相同的意思，因此，对不同个体所感受到的情绪，这些词汇标签并不是绝对准确的。事实上，给情绪贴上标签可能会造成混乱，让你偏离设立情绪导航量表的真正目的。

最重要的是，你要有意识地让自己的感受得到改善。至于用什么词来形容这种感受，并不重要。

◆── 有意识地利用情绪导航量表提升感受的例子

在你的经历中发生了一些让你感到糟糕的事情。你想不起任何开心的事情，好像快要窒息了，每一个念头都让你感到痛苦。用"抑郁"这个词来形容这种持续的情绪状态最合适不过了。

如果你能全身心投入某些行动中去，可能会感觉好一些；如果你能把困扰你的事情完全抛在脑后，专注于工作，可能会感觉好一些。你可以产生很多想法，把自己从抑郁状态中解脱出来。然而，从磁场的角度来说，你在当下几乎无法切换到这些思想中

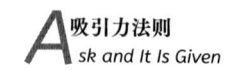

去。但如果你的意图只是找一种让你感觉更好的想法，任何想法都行，并且主动地去体会这种想法带来的感觉，你就能立即改善情绪导航量表上的数值。这其实就是产生某个想法的过程——任何想法都可以，然后你主动评估新想法带来的感受是否让你更轻松。因此，你思考并去感受，然后再思考，再去感受，目的只有一个：找到那种更放松的感受。

比方说，有人说了让你生气的话，或者有人不守信用。当你把注意力放在这个愤怒的话题上时，就会发现自己的抑郁状态确实得到了一些缓解。换言之，在这个愤怒的想法中，你不再感到呼吸困难。因为受到压抑而产生的不适感消失了，你确实感觉好受些。

现在，有效地运用情绪导航系统的关键一步来了：停下来，有意识地承认，你选择关注的愤怒想法确实比之前那种令人窒息的抑郁感更好。在主动觉知到自己的磁场获得改善的同时，你的无力感也会得到缓解，现在你正顺着情绪导航量表向上攀升，重新回到与本我完全建立连接的状态。

❖ 为什么有人要阻止愤怒情绪

通常情况下，在抑郁或恐惧等强烈抗拒性磁场中，你已经本能地，甚至是无意识地发现，愤怒可以缓解这种痛苦。但是，有很多人让你相信，愤怒是不对的——当然，他们并不能体会到你的内心感受，所以无法感受到愤怒的想法其实能带来改善——所以他们往往劝你不要愤怒……这只会让你回到之前的抑郁状态。但是，当你有意识地知道自己选择了一个愤怒的念头，这个念头给你带来了解脱，那么你就能有意识地知道，你可以从愤怒的念头转移到一个抵抗性更小的念头上，例如转移到沮丧上，然后沿着情绪导航量表上升——直接恢复到与本我完全一致的状态。

◆ 为什么最微小的改善都有巨大的力量

当你有意识地觉知到自己当前的位置，同时也知道自己想去的地方，并且能通过某种方法了解自己是否正朝着预期的方向前进时……就没有什么能阻挡你了。你似乎觉得无法掌控自己的人生体验，主要是因为你没有意识到自己的方向。如果不能有意识地觉知到自己的情绪及其意义，你往往会偏离前进的方向。

人们可以通过许多词描述情绪，但实际上只有两种情绪：良好的感受和糟糕的感受。在情绪的量表上，每一个刻度值都表明强烈、纯净、积极的本源能量的定量范围。当你处于最充分的连接状态时，就会产生诸如喜悦、爱、欣赏、自由或知识等感受，其实这就是自我赋能的感觉。而当你处于完全失去连接的状态时，就会产生诸如绝望、悲伤、恐惧或抑郁等感受，这其实就是自身力量被剥夺的感觉。

当你能够主动改善自己的感受时，哪怕是微小的改善，也是非常有价值的，因为即使是微小的情绪改善，也能够让你重新获得一定程度的控制。即使你可能还无法充分发挥你的控制力，让自己完全回归到充分连接的状态，但你已经不会再感到无能为力了。因此，在情绪导航量表上的回升不仅是可能的，而且是相对容易的。

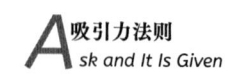

◆ 只有你才知道选择愤怒是否适合自己

如果一个严重抑郁的人能够有意识地发现，愤怒的念头可以缓解他的抑郁，更重要的是，他能够有意识地认识到自己可以主动选择愤怒的念头，那么他就会立刻重新获得自身的力量感，他的抑郁也会随之消除。当然，重要的是，他不能一直沉浸在愤怒之中，但他可以借助愤怒的状态将情绪调整到沮丧，从而产生一些缓解的念头。

有许多人还不了解情绪的磁场内容（甚至不知道什么是情绪，也不知道情绪产生的原因），他们努力劝说别人不要释放愤怒。因为大多数人都不喜欢和愤怒的人在一起，大多数人都会自私地希望发怒的人回到之前那种无力的抑郁状态，因为抑郁通常是在内心酝酿的，而愤怒往往是向外的，遇到谁就向谁爆发。

除了你以外，没有人知道你选择的愤怒念头对你是好还是坏，只有你自己知道，只要你感觉更轻松了，任何想法都是合适的。只有选择用感受来引导自己，你才能朝着愿望稳步前进。

◆ 尽力做到最好

如果人们发现你并不想一直保持愤怒的状态，可能会感到好受些。如果他们知道你最终是想走出愤怒，然后走出沮丧，走出不堪重负的状态，走向乐观，重拾信念，回到一切都好的状态，他们可能会对你现在的处境更有耐心。

有很多人只是自然而然地从抑郁或恐惧的无力感转向愤怒，将此作为一种自我生存策略，但是当他们的家人、朋友和咨询师觉得他们的愤怒是不对的，并表示强烈反对时，他们又回到了无力感中。他们只是不断重复着这样的循环：从抑郁到愤怒，再从愤怒到抑郁，再从抑郁到愤怒……

想要重新获得自我赋能和控制的美妙感觉，关键在于现在就下定决心，无论你的感觉是好是坏，你都要尽力做到最好。当你一次又一次地这样去努力时，你就会在很短的时间内发现，自己已经身处一个感觉非常好的地方。一切都是水到渠成的事情！

◆ 如果能将情绪调整好，就能到达任何地方

"现在，我要尽力找到让自己产生最佳感受的念头。我将更加放松，让自己变得更轻松，越来越轻松。"

记住：

- 暴怒让你从抑郁、悲伤、绝望、恐惧、内疚或无力感中解脱出来。
- 报复让你从暴怒中解脱出来。
- 愤怒让你从报复中解脱出来。
- 责备让你从愤怒中解脱出来。
- 不堪重负让你从责备中解脱出来。
- 烦躁让你从不堪重负中解脱出来。
- 悲观让你从烦躁中解脱出来。
- 满怀希望让你从悲观中解脱出来。
- 乐观让你从满怀希望中解脱出来。
- 积极的期望让你从乐观中解脱出来。

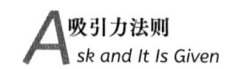

- 喜悦让你从积极的期望中解脱出来。

随着时间的推移，通过不断的练习，你将会非常熟练地理解自己的情绪导航系统在告诉你什么。一旦你下定决心，不断寻求改善情绪之后带来的解脱感，你就会发现自己在大多数时候都感觉良好，并顺应你渴望的任何事情，使其进入你的体验。

要理解发生在你身上的一切，你就必须关注自己的感受。你的感受——以及产生某些念头让感觉变好带来的解脱感——是唯一真正的衡量标准，反映出你正在吸引什么进入你的体验。

◆ 那些渴望无欲无求的人

我们对"愿望"的定义是对全新可能性的美好觉知。愿望是一种清新、自由的感觉，期待着美妙的扩展。愿望产生的感受就是生命在你体内流动的感觉。但是，许多人在使用"愿望"这个词时，产生的却是截然不同的感受。对他们来说，愿望往往是一种思慕的感觉，因为当他们专注于想要体验或拥有的事物时，也同时意识到该事物的缺失。因此，当他们使用"愿望"之类的词汇时，传递的是一种匮乏的磁场。他们会认为，渴望的感觉就像是想要获得自己缺乏的事物。但是在纯粹的愿望中并没有匮乏的感觉。

因此，如果你能牢记"只要发出祈求，就能得到回应"，那么你的所有愿望都将是纯粹的、没有受到抵抗的愿望。

许多人想要实现目前尚未充分实现的愿望，有时候，他们怀有这样的愿望已经很长时间了。于是，他们的心里萦绕着自己想要的东西，同时也想着自己无法拥有它。久而久之，他们就会相信，这种感觉就是愿望的感觉——当他们渴望某个东西的时候，意识到自己无法拥有，但又不知道如何获得它。因此，他们并不是处于纯粹的愿望状态，而是处于愿望受到抵抗的状态。他们的磁场体现的往往是求而不得的状态，而不是真正的愿望。

他们这样做就是通过散发磁场将自己与愿望隔离，但是他们自己却浑然不知，久而久之，他们就会相信，这种求而不得的状态导致的滞碍感、不满足感才是愿望的本来面目。

有些人对我们说："我接受的教导是，人应该无欲无求。这种教导认为，任何愿望都会让我无法达到理想的灵性存在状态，我的幸福状态取决于我放弃一切愿望的能力。"我们回答说："**但是你追求的幸福状态，也就是你的灵性状态，难道不是一种愿望吗？**"

我们不是来引导你实现任何愿望的，也不是来让你放弃任何愿望的。我们的工作是帮助你明白，你是自身体验的创造者，在当下环境和这具肉身产生的体验中，你的种种愿望将自然而然地产生出来。我们的愿望是帮助你与本源保持一致，从而实现你的这些愿望。

我们理解为什么有人会说，如果你能舍弃你的愿望，你就会感觉更好，因为你之所以感受到负面情绪，是因为你当前的磁场与愿望产生的磁场存在着差异。但是，通过舍弃愿望让这两种磁场达成一致，这是非常困难的，因为整个宇宙随时会让你产生另一个新的愿望。因此，要想与你的本源保持一致，从而让自己获得更好的感受，一个更简单的方法就是努力让自己不再抵抗。

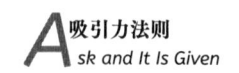

◆ 愿望是顺理成章的吗

如果你的愿望是顺理成章的,你的想象力就能帮助你更快地实现它。你可以先通过想象看看这个愿望是不是存在问题,但不必纠缠于大大小小的事情——你可以在头脑中完成这一切。我们不是在谈论接下来要采取什么合乎逻辑的行动步骤。我们说的是,你要运用自己的想象力,直到你的伟大梦想让你觉得非常熟悉,以至于显化它是顺理成章的事情。

例如,一位母亲和她的成年女儿正考虑在某个景色优美的地区购买一栋漂亮的别墅,将其开发成提供床位和早餐的民宿。女儿对妈妈说:"如果我们能想办法实现这个愿望,我的余生就很幸福。如果能实现这个愿望,其他未实现的愿望给我带来的遗憾就全部烟消云散。"

我们的解释是,她这个愿望散发的磁场还没有达到足够的纯净程度,无法让这种体验显现出来。**当你觉得自己的愿望大到难以企及的时候,它就不会立即显化出来。当你觉得自己的愿望是一件顺理成章的事情,它就会马上显化出来。**

◆ 一旦能掌控一切,你就能享受一切

你可以通过感受自身的磁场状态做出判断,看看它是否在顺应宇宙力量,将你的愿望传递给你。通过练习,你就会知道自己的愿望是处于显化的边缘,还是处于形成阶段,但最重要的是,**一旦你能控制自己的感受方式,你就会享受一切:**

- 你会享受置身于多样性和对比之中,这能帮助你识别自己的愿望;你会享受愿望带来的感受,这种感受是由自身珍贵的视角激发出来的,是从自身流淌出来的。
- 当你的磁场与愿望不一致时,主动觉知到这一点会让你觉得是种享受,当你主动将自己的磁场与愿望保持一致的时候,也会觉得是种享受。
- 当怀疑消失,取而代之的是幸福的安全感时,你会感到非常轻松。
- 你会欣然去感知即将发生的事情,并乐于看到事情开始步入正轨,你开心地见证自己的愿望不断显化。
- 你愉快并主动地觉知到,你已经有意识地将你的愿望塑造成现实,如同你亲手用泥土创造一座塑像。
- 当你一次又一次地与自身经验的果实保持一致时,你会喜欢上这种感受。

整个宇宙的存在就是为了在你体内激发充满生机的全新愿望,当你顺着自己的愿望之流前进时,你会感到自己真实地活着——你必将收获真正的人生。

下 篇

帮助你实现当前愿望的方法

第二十三章
22 个经过验证的吸引点改善方法

既然你已经将本书阅读至此，你一定已经知道的事情是：你是本源能量的延伸，你进入这具肉身，来到时空现实的前沿，是为了快乐地让思想不断超越自身。

你体内有一个导航系统，它时时刻刻都能让你知道，你现在在多大程度上顺应了自己与本源建立的连接。

你感觉越良好，就越与本我保持一致；你感觉越糟糕，就越是没有顺应这个重要的连接。

没有什么是你不能成为、不能做到、不能拥有的；你记起来，如果你的主要目的是感觉良好，如果你想努力在当下达到最佳的状态，就必须达到自然的快乐状态。

你是自由的（事实上，你是如此自由，以至于可以选择去接受束缚），你所遇到的一切都是在回应你生起的各种想法。

无论你思考的是过去、现在还是未来，都在散发与自身吸引点相匹配的磁场。

吸引力法则永远是公平的，没有任何不公——因为无论你得到什么，都来自你思想散发磁场之后获得的回应。

而且，最重要的是，幸福是你所在世界的基础，除非你当下的行为没有顺应幸福，否则你必定会体验到幸福。你可以顺应它，也可以抵抗它，但只有健康之流、富足之流、清晰之流以及你所渴望的一切美好事物……才会流动。

你现在要记住，黑暗没有开关，"邪恶"没有本源，疾病或匮乏也没有本源。**你可以顺应幸福，也可以抵抗幸福——但发生在你身上的一切都是你自己造成的。**

◆ 我的生活是否需要改善

如果当前生活在各方面都令你满意，那么你可能没有必要继续阅读下去。但是，如果你想要改善生活中的某些事情——也许是由于你缺少某些事物，或者想要舍弃某些不想要的事物——那么，下面的方法将对你有巨大的价值。

你的抵抗性思维习惯是阻碍你实现愿望的唯一因素。虽然你并不是故意要养成这些抵抗性的思维模式，但它们确实是你通过实际的行为轨迹一点一滴、一次一次地积累起来的。然而，有一点是非常清楚的：**如果你不去做一些事情，产生不同的磁场，那么，你的体验就不会有任何改变。**

本书接下来所介绍的方法，旨在帮助你逐渐舍弃一切抵抗模式。同样，你的抵抗模式也不是突然形成的，你也不会立即就能舍离它们——但你终究会舍离它们。一个方法接着一个方法，一个游戏接着一个游戏（本书中的"游戏"和"方法"可以互换使

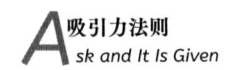

用），日复一日，你将稳步回归，顺应自己的自然幸福之流，让它流回你的体内。

那些关注你的人会惊讶地发现你体验到的变化，发现你明显地散发出来的快乐。你会带着本自具足的自信和笃定解释道："我已经找到了一种顺应幸福之流的方法，让自己自然而然地感受到幸福。我已经学会了练习顺应的技术。"

◆ 使用这些方法的建议

因此，我们怀着热切的期望，很快将为你提供这些方法。如果你有时间，我们鼓励你仔细阅读每一种方法，但你并不一定要实际应用我们推荐的行为。在阅读的过程中，如果某些方法对你有直接的价值，你就会感受到一种强烈的冲动，想要去践行它们。如果某些方法能激起你的热情，你可以把它们标记出来。然后，等你有时间的时候，就可以从你最感兴趣的方法开始践行。这才是实践的最佳方式。

事实上，你随意选择任何一种方法进行实践，就可以从中获得明显的益处，因为本书中的任何一种方法都能帮助你释放抵抗，提升你的磁场。然而，根据愿望的力量和当前的抵抗程度，某些方法确实会比其他方法对你更有价值。

当你读完这些方法，了解我们提供的应用实例时，你可能会意识到，你生活中正在发生类似的事情，因此你就可以通过运用相同的方法而受益。然而，由于你的生命为你提供了各种各样的体验和丰富多彩的情绪，因此，我们并没有硬性规定某种特定的方法最适合你当前的体验。

◆── 移走道路中的树木

有些方法能帮助你更清晰地聚焦你的愿望，使你的吸引点更强烈。但是，如果由于某种原因，你处于巨大的抵抗状态，那么，采用某种方法召唤更多能量，可能会给你带来反作用。

此前我们举了一个例子，较之于每小时 5 英里的速度，驾车以每小时 100 英里的速度撞到一棵树，造成的麻烦要严重得多。现在，在这个类比中，你的车速相当于你通过愿望召唤的创造性能量，而树木则相当于各种纠结的想法或抵抗状态。通常，人们得出的结论是，唯一合理的做法就是让车速慢下来——但作为老师，我们鼓励你把树从道路上移开。

在本书中，我们介绍的方法就是为了帮助你消除前进道路上的阻力，因为当你按照习惯性的生活速度前进，没有任何树木阻挡时，就是最快乐的事情。

◆── 让情绪为你导航

对自己的生命体验，你肯定会产生各种情绪反应，而这些情绪可以充当一把钥匙，让你知道在当下采用哪种方法最合适。一般来说，你的感觉越好，编号小的方法就对你越有益；你的感觉越糟糕，编号大的方法就对你越有益。

在运用这些方法之前，最重要的是，你要了解自己当下的感受，以及你想要的感受。在每种方法的开头，我们已经指明了为该方法建议的情绪范围。只要你认为自己当下的情绪属于某种方法建议的范围，该方法就是一个完美的开始。

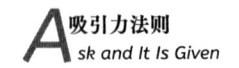

❖ 从改善自己的感受开始

有些方法是针对特定的生命体验的,比如改善你的财务状况或健康情况,但本书中的大多数方法都可以成功地应用于任何情况。

我们绝对向你保证,只要运用这些方法,你的生活将会得到改善,因为如果不改善你的感受,你就无法应用这些方法。如果你没有舍弃抵抗,不去改善你的吸引点,那么,你就无法改善你的感受。当你改善了你的吸引点时,吸引力法则就一定会向你呈现种种有力证据,证明你所在的环境、事件、关系、体验、感受,乃至你的磁场都在发生改变。吸引力法则就是如此!

有些方法会让你特别喜欢。有些方法会让你每天都想使用,有些方法你可能永远都不会使用,有些你可能一开始会使用,后来觉得不再需要,有一些方法会让你在特殊情况下想起来并再次使用。

我们希望你能轻松自在地开始使用这些方法,因为我们知道,它们将积极地改变你的生命体验。从我们的角度来看,设计这些方法,最重要的原因是要帮助你重新与本我的能量保持一致。在这个过程中,你会回到自然的喜悦之中。哦,对了,还有一个额外的益处,那就是,这可以帮助你实现任何愿望。

第二十四章
你戴上快乐的面具了吗

要想有意识地控制自己的体验,情绪至关重要。当然,情绪也是你保持快乐生命体验的关键所在。

就像你不会因为怕烫而故意让指尖变得麻木无感,也不会因为害怕看到油量不足而在汽车油表盘上贴一张"快乐脸"进行遮挡一样,你也不会通过虚假的面具来掩盖自己的真实感受。因为这样的假装对改善你的磁场吸引点毫无帮助。唯一可行的是改变你散发的磁场,当磁场改变后,你的感受也会随之改变。

◆ 通过集中能量来改变你散发的磁场

当你回忆起过去经历的一件事情时,你就在集中能量;当你想象未来可能发生的事情时,你就在集中能量;当然,当你观察当下发生的事情时,你也在集中能量。无论你关注的是过去、现在还是未来,都没有什么区别,你都是在集中能量——而你的关

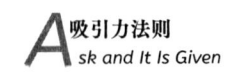

注点或聚焦点会让你散发磁场，这就是你的吸引点。

当你思考、回忆或想象某件事情时，经过一段时间后，你内心的磁场也会被激活。如果你重温某个想法，你就会再次激活磁场。你越是频繁地重温这个想法，这个磁场就会变得越熟悉，你也就越容易激活它，最终它就成为你内心的主导性磁场模式。当它在你的磁场模式中扮演着越来越重要的角色时，与之相匹配的事物就会开始在你的体验中出现。

因此，你可以通过两种可靠的方式了解自己的磁场模式：第一是注意你正在体验到的事情，因为从磁场层面来说，你所关注的事情和正在显化的事情总是匹配的；第二是注意你的感受，因为你的情绪会不断向你反馈，让你了解自己散发的磁场和吸引点。

你必须有意识地觉知，成为自主的创造者

我们认为，当你将自己的想法和感受与正在显化的事物联系起来时，就意味着非常美好的事情正在发生。因为在这种有意识的觉知中，你就能主动地修正自己的想法，从而吸引到更加愉悦的事物。自主创造最令人满意的地方就是让你对自己的想法和感受保持敏感，因为这样一来，你就能把引起糟糕感受的想法修正过来，使之产生更好的感受，从而改善你的吸引点，避免不想要的事物显化出来。**在不想要的事物以物质形式显化出来之前，主动改变自己的思维方向，使其带来更好的感受，这要容易得多。**

你会明白，自主创造就是主动引导你的思想向感觉良好的方向发展。你会体会到，主动选择那些引起良好感受的思想，能给

你带来满足感，接着，良好的感受会显化出来，你也会沉浸于观察这种显化。即使你发现感觉不太好的想法，然后又观察到感觉不太好的显化，也会产生满足感，因为你现在主动觉知到强大的吸引力法则，所以有了控制感。如果你无法将自己的想法和感受与正在显化的事物联系起来，你就无法主动去控制你体验到的事情。

当你试图控制他人时，情况往往会失控

大多数人的思想散发的磁场都是在回应自己观察到的事物。当观察到美好的事物时他们会感到美好，当观察到糟糕的事物时他们会感到糟糕，但他们认为自己无法控制感受，因为他们觉得无法控制所观察到的环境。

许多人终其一生都在努力控制环境，因为他们相信，在控制环境的过程中，自己的感觉会更好。但无论他们对他人的行为具有多大的控制力，都是远远不够的——因为总存在其他无法控制的情况。

对别人的生活，你无法施加创造的力量，因为他们散发的是他们自己的磁场，也就是他们自己的吸引点，而你散发的是你自己的磁场，也就是你自己的吸引点。

自主创造就是选择带来更好感受的想法

许多人说："只要改变条件，我就会感觉更好。当我变得更富有，或者搬进更好的房子，或者找到更好的工作，或者找到更

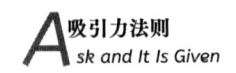

好的伴侣时，我就会感觉更好。"我们并不否认，较之于让人不开心的事情，观察到令人开心的事情确实会让人的感觉更好，但这是一种非常颠倒的做法。

自主创造并不是去改变条件，从而让你有更好的感受去回应这种改变。自主创造是让你选择一种感觉良好的想法，从而导致条件的改变。例如，实际上，无条件的爱就是你非常希望与爱的本源建立连接，以至于无论身边发生了什么样的显化，你都会主动选择顺应这种连接的想法。当你能够主动选择更好的想法，从而控制你的吸引点时，你周围的条件就必然会改变。吸引力法则认为，这种改变是必然的。

◆ 你只能吸引你磁场范围内的想法

有人会说："这些关于自主创造的说法听起来很简单，为什么我做起来这么困难呢？为什么我很难控制自己的思想？我觉得是我的思想在控制我！我的思想好像自己在思考！"

好吧，请记住，吸引力法则是一个强大的法则，如果你当前的磁场设定值与某个想法非常不同，你就无法选择并维持这个想法。只有某个想法的磁场处在你当前的磁场范围内，你才能产生这样的想法。

你是否有过这样的经历：你很喜欢一首歌曲，后来又听到了同一首歌曲，却对它完全没有兴趣。有一次，当你聆听这首歌曲的时候，你面带微笑，甚至随着音乐翩翩起舞，但在另一次聆听时，你却发现这首歌曲让你感到心烦意乱。你注意到的是自身磁场与音乐的一致性。换言之，当你与本我更接近时，这首歌曲就会与你的良好感受融合在一起。但当你与本我不一致时，这首歌曲只会告诉你，代表本我的幸福磁场与你当下的抵抗性磁场格格不入。

有些时候，朋友的嘲笑或戏弄能让你感觉良好，但在其他时候，他们的嘲笑和戏弄却让你感觉很糟糕。他们之所以能成功地让你感觉良好，在大多数情况下，都是因为你的磁场偏离得并不算厉害，因为虽然在磁场上实现小的跳跃很容易，但要实现大的跳跃却很困难，甚至是不可能的。

◆── 这些方法的目的是让你放弃抵抗

在本书接下来的部分，你会发现，我们提供了一些方法来帮助你逐步改善磁场的吸引点。当下的磁场状态因人而异，因时而异，所以你只能通过应用某种方法产生的感受来判断该方法是否适合你。

通过观察、回忆、思考和讨论，你已经将一些想法付诸实践，这些想法已经变成了更强大的想法或信念，现在，它们主导着你的吸引点。你所思考或关注的每一个想法都会引起你的情绪反应。因此，随着时间的推移，你会对某些事情产生特定的感受。我们称其为你的情绪设定值。

我们将下述方法从 1 编号到 22。你当下的磁场越接近你的幸福本源，编号越小的方法就越能有效地帮助你重新完全保持一致。你当下的磁场越是远离本源，你越需要编号大的方法帮你回到一致性的状态。

如果你当下的状态总是与自己的幸福本源非常接近，那么你就很少会用到编号超过 12 的方法。但是，在一些特殊的情况下，

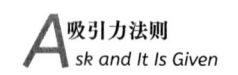

你的磁场可能会变弱，偏离你通常的连接范围，那么编号大的方法就可能会让你受益——但对你来说，这就是例外情况。

◆ 主动改变你当前的情绪设定值

你可能已经不记得最后一次感觉良好是什么时候发生的事情了。在生命的旅途中，你可能已经形成了某种设定值，这让你始终无法与幸福建立连接，因此你可能发现前五六种方法根本无法让你放松。即使从最后几种方法着手，你可能发现也只能获得些许的放松。但最重要的是，我们希望你认识到，你感觉是否特别好或者能否很快达到这种状态并不重要——唯一重要的是，你觉知到情绪上的缓解（不管它有多轻微），而且你明白，你的缓解是一种回应，表明你做出了主动的努力。因为当你能够获得这样的轻松感时，就重新获得了对自身体验的创造性控制，然后你就能踏上正道，从而达到理想的状态。

记住，每种方法的目的都是提高你的磁场频率。换一种说法就是：**每种方法的目的都是让你放下抵抗，或者说是让你找到缓解抵抗的方法，或者说是改善你的感受，还可以说是改善你的情绪设定值。**

如果你使用了某种方法，过了几分钟后，你的感受并没有获得改善，你只需要停止该方法，并选择另一个编号更大的方法。

◆ 放轻松，尽情享受这一切

我们还可以将这些方法称为技巧或游戏，因为虽然这些方法都很强大，可以帮助你实现任何愿望，但如果你能以游戏的心态来对待它们，你遇到的抵抗就更小，如果你把它们当作工具，想用它们修复坏掉的东西，你遇到的抵抗就更大。**在使用这些方法的过程中，你会发现，成功的关键实际上取决于你放下抵抗的能力，而你越是像玩游戏一样乐在其中，遇到的抵抗就越小。**

主动运用这些方法将帮助你改变情绪设定值，从而改变你的吸引点。你会发现自己会取得立竿见影的进步——在运用这些游戏的第一天就会感受到。通过更多的练习，你将在生活的方方面面提升自己的吸引点。

◆ 你在当下就是自身现实的创造者

无论你是否意识到，你都是自己体验的创造者。无论你是否意识到，你的思想一直在散发磁场，而你的生命体验就是对这种磁场的精确回应。

你以前可能是在无意识地创造现实，是个默认的创造者。在这里，我们提供一些方法帮助你，这样，你就会转变为一个主动创造自身现实的人。利用这些方法，你就能精确控制自己生命体验的方方面面。

我们怀着极大的爱和热情，为你提供这些改变生命的方法。在此，我们向你展现最诚挚的爱。

方法 1

欣赏狂潮

◆ 应用此方法的时机

- 当你想让愉悦的心情变得更好时。
- 当你想增进与某人或某事的关系时。
- 当你想主动维持当前良好感受的设定值时。
- 当你想维持甚至提升当前的良好感受时。
- 当你想主动关注一些有利于你设定值的事情时。
- 当你在开车、走路或排队,并想做一些具有创造性的事情时。
- 当出现可能将你引入负面情绪的事情,而你想保持对自身磁场的控制时。
- 当你的想法或他人的言语开始向潜在的消极方向发展,而你想控制主题的方向时。
- 当你觉知到自己在经历负面情绪,并希望改善自己的感受时。

◆ 当前情绪设定值的范围

当你的情绪设定值处于下述两种情况之间时，这种被称为"欣赏狂潮"的方法对你最有价值：

(1) 喜悦 / 知识 / 赋能 / 自由 / 爱 / 欣赏—(5) 乐观。

(如果你不确定自己当前的情绪设定值是什么，请回到第二十二章，浏览一下情绪导航量表上的22项分类。)

所以，假设你现在感受到积极的期望。由于"积极的期望"编号是(4)，而(4)位于(1)和(5)之间，因此本方法对你来说是最有价值的。

这个欣赏狂潮的游戏可以随时随地进行，因为只要在脑海中引导愉快的想法，就可以轻松地玩这个游戏。如果你能把自己的想法写在纸上，就会更有助于游戏的进行，但并不一定非要如此。

首先，环顾你周围的环境，细心地留意一些令你愉悦的事物。试着把你的注意力集中在这个令人愉悦的事物上，想想它是多么奇妙、美丽或者实用。随着你对它关注的时间越来越长，你对它的好感也会逐渐增加。

现在，注意自己不断改善的感受，并欣赏当下的此种感受。然后，当你产生的良好感受比此前有明显改善时，环顾周围的环境，选择另一个让你感到愉悦的事物来引起你积极的注意力。

选择容易激发你欣赏之情的对象，将其作为你的目标，因为这个方法并不能帮助你解决麻烦，而是通过练习让你获得更强的磁场。你越是长时间地把注意力集中在让你感觉良好的事物上，就越容易保持那些让你感觉良好的磁场频率。你越是频繁地保

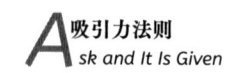

持这些感觉良好的频率，吸引力法则就会给你带来其他更多的想法、体验、人和事，这些都将与你练习过的磁场相匹配。

既然你的主要意图是在日常生活中寻找值得欣赏的事物，那么你实际就是在训练一种抵抗性更弱的磁场，这样一来，你与自身的本源能量就会建立越来越强大的连接。

因为欣赏产生的磁场是你物质性和非物质性之间最强大的连接，本方法也会让你从内在生命中获得更清晰的指引。

你越是通过欣赏进行练习，自身磁场的频率遇到的抵抗就会越小。你遇到的抵抗越小，你的生活就会越来越好。此外，通过这种欣赏狂潮的练习，你会习惯于更强磁场带来的感受，这样，如果你重蹈覆辙，回到旧有的不良谈话模式，在这种抵抗性磁场变得强烈之前，你就会及时发现。

你越是擅长发现事物值得欣赏的地方，你的感觉就越好；感觉越好，你就越想去实践；你越是去实践，感觉就会变得越好；感觉越好，你就越想去实践……吸引力法则为这些积极的想法和感受提供了强大的动力，最后，你只需要付出很少的时间和努力，就会发现自己的心灵在欢快地歌唱，与自己的本我保持一致。

在这种没有任何抵抗的美妙磁场中，你将处于一种强大的顺应状态；在这样的磁场中，你所渴望的事物将轻而易举地流入你的体验。一切就会变得越来越好！

当你开始进行这个游戏时，如果你的磁场已经朝着更好的方向提升，而且你发现自己很容易就迅速切入感觉更好的状态，那么，只要你有时间，只要你感觉良好，就继续这种欣赏狂潮的游戏吧。

如果在尝试这个游戏的时候，你的感觉并不好，如果在专注一个又一个快乐的想法时，你没有感觉到动力在提升，也就是说，如果你对本方法的任何一个方面感到不满，那么，你就停止它，换一个编号更大的方法。

即使你对吸引力法则一无所知，即使你对自己与本源能量建立的连接一无所知，运用这个方法也会让你在不知不觉中练习顺应的技术——所有你认定为愿望对象的事物都会开始流入你的体验。当你处于欣赏模式时，你的磁场中就没有抵抗，而你的抵抗正是阻碍你实现所有愿望的唯一因素。

在欣赏狂潮的游戏中，实际上，你就是将自己的磁场频率设定某种状态，以顺应你所祈求的事物，使其进入你的体验。在日常生活中，你每一天都在祈求，而本源无一例外地都给予了回应。现在，在这种欣赏模式中，你一直在练习接受。你现在正在参与创造过程的最后一步（你正在接纳它）。

一开始，最好每天特意留出10分钟或15分钟来专门实践这个方法。在连续几天里，你一直沉浸于主动获得某种高强度磁场的状态，并维持它，因为这会让你受益，你会发现，自己每天都要在各种场合下多次练习，在这里练习几秒钟，在那里练习几秒钟，因为这样做让你感到很愉悦。

例如，在邮局排队时，你可能会想：

这栋楼真漂亮。
他们能将这里保持得这么干净，真是太好了。
邮局里的那位工作人员态度友好，我很开心。
那位母亲与孩子互动的方式让我十分欣赏。

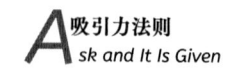

那个人穿的夹克很好看。
我今天一切都很顺利。

开车上班的时候,你可能会想:

我喜欢我的汽车。
这条新的高速公路太棒了。
虽然在下雨,但我很开心。
我的汽车性能可靠,我很开心。
我很感恩自己拥有这份工作。

你可以更具体地专注于任何你欣赏的对象,并找到更多的理由去欣赏它。例如:

这是一栋非常漂亮的建筑……

新邮局的停车位比以前多得多。
这里有更多的柜台,排队速度比以前快多了。
大窗户让这里的室内通风变得更好。

这条新的高速公路太棒了……

没有红绿灯,因此我不用减速。
较之于以前,我可以更快地到达目的地。
这一路上的景色非常美丽。

一旦开始寻找值得欣赏的事物，你就会发现，你的日常生活充满了值得欣赏的事情。你欣赏事物的想法和感受会自然地从心底流淌出来。通常，当你对某人或某事产生由衷的欣赏之情时，你会感到浑身起鸡皮疙瘩——这种感受证实你与本源正保持一致。

◆ 更多关于"欣赏狂潮"的方法

每当你欣赏某件事情，赞美某件事情，对某件事情感觉良好时，你都在告诉宇宙："请更多地赐予我这种事物吧。"你永远不需要再用语言来表达这种意图，如果你大部分时间都处于欣赏的状态，所有的美好事物都会流向你。

人们经常问我们："爱"这个词不是比"欣赏"更好一点吗？"爱"不是更适合描述非物质能量吗？我们认为，爱和欣赏实际上是同一种磁场。有人用"感激"或"感谢"这样的词，但这些词都是在描述幸福。

想要去欣赏是非常好的起点，然后，随着你想对越来越多的事情说"谢谢"，你也就很快获得动力。当你想要体会欣赏之情时，就会吸引到能够获得你欣赏的事物。当你欣赏它的时候，又会吸引其他的事物让你欣赏，最后你就能体验到不断的欣赏的狂潮。

· 你无法控制他人的感受 ·

在日常生活中，你可能会看到一些不开心的人，他们脾气暴躁，容易陷入失望或痛苦；当他们把负面情绪朝你倾泻时，你可

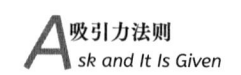

能会发现很难对他们生起欣赏之情。然后，你可能会责备自己不够强大，在他们对你产生负面情绪时，你无法继续欣赏他们。好吧，我们绝不建议你在面对自己不想要的事物时，强迫自己感觉良好。相反，你要寻找能让自己感觉良好的事物，这样，吸引力法则就会将更多类似的事物带给你。

只要你寻找值得欣赏的事物，就能控制自己的磁场和吸引点，但当你想当然地觉得别人对你产生了某种感受，并根据这种感受做出回应时，你就无法控制它们了。然而，当你不再执迷于别人对你的感受，转而关注自己的感受时，你就能控制自己的体验。你不知道今天他们的狗被车撞了，也不知道他们刚刚离婚，更不知道他们银行的钱被人骗走了。你不知道他们当前的生活状态，所以无法理解他们为什么会对你做出这样的反应——而且你也无法控制他们的反应。

一旦你明白，没有什么比你拥有良好的感觉更重要的事情，并且决定今天要主动去寻找一些值得欣赏的事物时，在当下，你注意的对象就会让你产生欣赏的感觉。你在当下就会在自己和欣赏对象之间建立起回路，吸引力法则会立即开始工作，所以你会立即看到更多值得欣赏的事物。

· 当你处于欣赏的状态时，就不会产生防御心理 ·

如果你不明白，影响你体验的唯一因素是你的能量流动方式，如果你认为你的经历与机会、运气、巧合有关，也与统计概率或常规法则有关，那么当你在新闻上看到一位逍遥法外的杀人犯驱车经过你所在的街区，从车窗疯狂扫射时，你就会悲伤难忍，因为你将自己的幸福建立在他的行为上。但是，如果你的幸福取决于他的行为,而你却无法控制他,甚至不知道他逃窜到哪里去了,当然也无法借助足够的警力来追捕他……那么,你就产生一种强烈的无力感。

我们希望你能感受到与非物质能量连接的价值,而欣赏是最简单、最快捷的方法。当你与非物质能量建立连接的愿望足够强烈时,你会发现在每一个小时里,有几十种方式来表达你的欣赏之情。

你必须记住,无论别人回应你的方式如何,都没有任何区别,否则你就会产生防御心理——你不可能同时保持防御和欣赏的心理。当你专注于欣赏时,欣赏就会立即到来。但你并不是期待别人来欣赏你,你要让欣赏的感受流过自己的身体。

在日常生活中,当你觉知到自己不想要的事物时,你就会更加清晰地觉知到自己想要某件事物的愿望。现在,由于一直在练习欣赏狂潮,你能轻而易举地集中你的觉知,不再关注求而不得的状态,而是关注你想要的事物。那么,你就成了身体力行去实践创造的人。

你不再寄希望于明天,而是活在当下。你的生命取决于你在当下如何塑造能量!

方法 2

魔法创造盒

◆ 应用此方法的时机

- 当你心情愉悦地行事,将创世能量集中到个人偏好的特定方向时。
- 当你希望向宇宙主管提供更具体的信息,将你喜欢的事物细节告诉他时。

◆ 当前情绪设定值的范围

当你的情绪设定值处于下述两种情况之间时,这种被称为"魔法创造盒"的方法对你最有价值:

(1)喜悦/知识/赋能/自由/爱/欣赏—(5)乐观。

(如果你不确定自己当前的情绪设定值是什么,请回到第二十二章,浏览一下情绪导航量表上的22项分类。)

如果你的情绪介于(1)和(5)之间,那么这个创造盒对当前的你来说,就是一个非常合适的方法。

要应用创造盒的方法,先找一个漂亮的盒子,一个让你一看到就会开心的盒子。在盒盖上显眼的位置,写上以下的话:无论里面装着什么——都会**如愿以偿**!

接下来,收集一些杂志、目录簿和小册子,保持心情放松,浏览它们,寻找你想要包含在体验中的内容。然后剪下任何能体现你愿望的图片——家具、服装、建筑物、旅游胜地、车辆的图片,身体特征的图片,以及人们互动的图片——如果你觉得自己被吸引了,就剪下来,放进你的创造盒中。当你把图片放进去的时候,说:"无论里面装着什么——都会**如愿以偿**!"

这样完成后,在日常生活中继续收集更多的图片,然后在回家时把它们放进盒子里。在你看到了你想要体验的事物后,也可以写下对它的描述,然后把它放进你的盒子里。

你装在这个盒子里的事物越多,宇宙就会越多地向你提供与之匹配的想法。你放进盒子里的想法越多,你的愿望就越集中。你的愿望越集中,就越能感受到生命的活力——因为本源能量一直在你体内流动,这就是生命之流。

如果你的抵抗很小,或者完全没有抵抗——换句话说,如果你确凿无疑地相信自己能够实现这些目标,那么,这种体验会澎湃地涌向你。你往盒子里放的内容越多,感觉就越好,就会不断看到这些事物显化的证据,它们正不断接近你的体验。大门不断向你开启,盒子中的许多事物现在就能轻松进入你的生活。

这个方法能帮助你集中愿望,因此,你会有意识地放大**第一步**(祈求)——现在,鉴于你没有抵抗,这些事情就会迅速发生。

如果你的感受总是保持良好,即使你放进盒子里的愿望没有

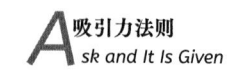

实现，你也不会养成不开心的习惯，而是立即体验到积极的结果，感觉更加专注，对生命充满激情，你放进创造盒里的事物就会立即在你的体验中显化出来。换言之，对一个没有抵抗情绪的人来说，这个方法就是你创造美好生活的一切：你祈求，本源做出回应，你再去接纳。只要发出祈求，就能得到回应。

如果你很享受这个方法，那么它就会以一种强大的方式为你服务；它会帮助你专注于你渴望的事物；你正在练习获得与自身愿望相匹配的持续磁场；你正在体验自主创造。而且最重要的是，你的良好感受告诉你，你现在正处于接收模式。你对此方法的关注正在帮助你保持所需的磁场频率，从而顺应自己的愿望，让你所渴望的事物进入体验——你正在实践顺应的技术。

更多关于"魔法创造盒"的方法

想象一下，你正坐在椅子上，椅子旁边有一个盒子，一个相当大的盒子。你知道自己是个创造者，而这个盒子就是你创造的。可以说，这个盒子就是你的世界。你像巨人一样坐在这把大椅子上，有能力触摸到这个物质宇宙的任何地方，获得你想要的任何事物，然后把它放进这个盒子里。

因此，你拿来一栋漂亮的房子，把它放在你喜欢的某个城市。你也帮自己获得了稳定的收入来源，也为你的伴侣获得了稳定的收入来源。你取回你喜欢做的所有事物——你在各处发现的美好事物、振奋的感受、愉悦的感受，以及所有你想要的事物，然后把它们放进你的创造盒。

你可以只把这个游戏当作一种心理游戏，但如果你真的制作了这样一个盒子,把代表你愿望的东西放进去,那就更加有趣了。你会开始注意到,当你把一些没有抵抗模式的事物放进你的创造盒时,宇宙会马上把它带给你。如果你把具有抵抗模式的事物放进盒子里,你就需要花费更多时间才能获得它。

·如果你进行观想,就会拥有完全的创造性的控制力·

这个方法可能会给人异想天开的感觉,但其实它非常强大,因为它能增强你的观想能力。大多数人都是根据自己观察到的事物来散发磁场的,但这样无法拥有创造性的控制力。当你主动生起某个想法时,你才能拥有创造性的控制力——而当你进行观想时,你才拥有这种完全的控制力。

有一天,我们从纽约飞回圣安东尼奥时,正在玩创造盒的游戏。当收拾行李准备去机场的时候,埃斯特在脑海中把一些事物放进了她的盒子——比如,美丽的天空、明媚灿烂的一天(当我们从拉瓜迪亚机场起飞时,就可以看到自己熟悉的所有地标,这让埃斯特很开心)。多么美丽的城市,有那么多的桥梁和波光粼粼的水面,还有那些雄伟的建筑。她想到了快乐的空乘人员,想到了周围欢乐的乘客,想到了旅途中的许多乐趣。然后她又想:"我希望联合国大会的召开不会造成高速公路堵车。"接着,埃斯特说:"把这种事情放进我的盒子真是一件奇怪的事情,我不想让这种不好的事情出现在我的盒子里。"

当你主动将各种事物放进你的创造盒时,你就会更清楚地意识到,你在什么时候会想到一些你并不想体验的事情。你与创造盒的关系将帮助你认识到自身想法所具有的力量。

再举一个例子:我们一直在为我们家物色一块东方地毯。有

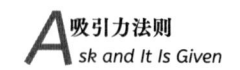

一天在飞机上,埃斯特从杂志上撕下几页图片,放在她的创造盒里,其中一张图片上有一块漂亮的地毯。到家后,我们需要整理邮箱里的邮件,埃斯特打开一个邮箱,从里面拿出了一张明信片,这是圣安东尼奥一家新成立的地毯公司寄来的——明信片上正好印有那块地毯。埃斯特尖叫着说:"看看,吸引力法则的速度多快呀!"她将地毯照片放进盒子里还不到24小时,就能获得快速购买的简单渠道。

我们希望你能感受到这种方法带来的乐趣和喜悦。通常,当你获得一直渴望的事物时,你的喜悦感是非常短暂的,但这个游戏会让你有机会在更长的时间里品味你所渴望的事物。然后,这种显化带来的快感,虽然很短暂,却会更加甜蜜。

一旦你开始实践这种方法,强大的非物质体系就会迅速回应你的磁场请求,你一定会被它的效果和效率所震撼。当你祈求时,就必定会得到;当你进行创造盒的游戏时,你就学会了让它进入你的体验。

方法 3

创意工作坊

◆ 应用此方法的时机

- 当你想专注于对你个人最重要的事情时。
- 当你想更主动地控制自己主要的生活领域时。
- 当你想提升自己的顺应状态,让更多美好的事物流入你的体验时。
- 当你想练习积极的吸引点,成为主导性的吸引点时。

◆ 当前情绪设定值的范围

当你的情绪设定值处于下述两种情况之间时,这种被称为"创意工作坊"的方法对你最有价值:

(1)喜悦/知识/赋能/自由/爱/欣赏—(5)乐观。

(如果你不确定自己当前的情绪设定值是什么,请回到第二十二章,浏览一下情绪导航量表上的 22 项分类。)

就像本书介绍的其他大多数方法一样,当你通过书写的方式

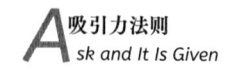

应用这个方法时最为有效,但当你开车或走路时,或者在你独自一人,有几分钟空闲,不被人打扰的情况下,在脑海中进行这个游戏也很有价值。

借助四页纸开始应用这个创意工作坊的方法,在每页纸的顶部写上以下标题或分类:我的身体、我的家、我的人际关系、我的工作。

现在,把注意力集中在第一个主题(我的身体)上,在第一页写上:这是我对自己身体的愿望。你也不要在这个类别上花费太多精力,如果你想不出任何内容,那就转到下一个类别。列出一份简短的清单,写下你脑海中当前很容易想到的对自己身体的愿望。例如:

我想恢复到理想的体重。
我想剪个漂亮的发型。
我想买几件漂亮的新衣服。
我想让自己变得强壮和健康。

写下这些关于身体的愿望后,把注意力集中在每一个愿望陈述上,并写下你想要实现这些愿望的理由。例如:

我想恢复到理想的体重……
因为处于理想体重状态时,我的感觉最好。
因为这样我就可以穿最喜欢的衣服了。
因为往新衣柜里添置新衣服会很有趣。

我想剪个漂亮的发型……
因为我想让自己看起来更漂亮。
因为利落的发型更容易打理。
因为换一个好发型，就不需要花太多时间打理头发。

我想买几件漂亮的新衣服……
因为新衣服总是让我感觉良好。
因为我喜欢穿得好看。
因为这样就会让别人开心，我也会因此开心。
因为新衣服能让我焕然一新。

我想让自己变得强壮和健康……
因为我喜欢充满活力的感觉。
因为精力充沛，我就能去做所有想做的事情。
因为感觉良好本身就是好事！

这个创意工作坊的方法将帮助你专注于生命体验中最直接、最重要的领域。当你确定你生活的四个基本主题时，能量就会集中起来。当你说出更具体的愿望时，你就会进一步激活与这些主题有关的能量。而当你思考为什么渴望这些事物时，通常会软化你对这些主题的抵抗，同时让你的想法更清晰，更有力量。你渴望某件事物的原因决定了该事物的本质……宇宙总是把你愿望磁场的本质传递给你。

当你思考自己渴望某件事物的原因时，通常会软化自己的抵抗，但当你思考这件事"何时""以何种方式"或"谁"会帮助它

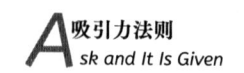

来到你身边时，你通常会增强抵抗，尤其是当你还不知道这些问题的答案时。

现在完成其他三个类别：我的家、我的人际关系、我的工作。

写下一份简短的清单，列出你脑海中很容易浮现出的你对家的愿望。例如：

我想采购一些非常棒的家具。
我想将家里收拾得井井有条。
我想在橱柜里安装滑动搁板，用来放锅、盘。
我想在浴室里贴上漂亮的瓷砖。

现在，写下你想要这些东西的原因。
我想采购一些非常棒的家具……
因为我喜欢做出改变。
因为我喜欢娱乐，希望待在家里的时候舒服点。
因为这样收拾起来更方便。
因为家具能让家里锦上添花。

我想将家里收拾得井井有条……
因为整洁的环境会让我感觉更舒服。
因为在整洁的环境中，我的工作会更有效率。
因为家里井井有条，家人相处才更愉快。
因为这样我才能完成更多的事情。

我想在橱柜里安装滑动搁板,用来放锅、盘……
因为这样更容易找到需要的东西。
因为这样我就更喜欢做饭了。
因为使用完锅、盘后,收起来会更方便。
因为这会让厨房看起来更赏心悦目。

我想在浴室里贴上漂亮的瓷砖……
因为这会让浴室充满活力。
因为这会让我的家锦上添花。
因为这更容易保持清洁。
因为仅仅是看到这种瓷砖,我就会感觉很舒服。

写下一份简短的清单,列出你脑海中很容易浮现出的你对人际关系的愿望(选择你现在觉得最重要的关系)。
我想和对方花更多时间在一起。
我想和对方一起享受更多的乐趣。
我想和对方更频繁地一起出去吃饭。
我想和对方更频繁地一起休闲和玩耍。

我想和对方花更多时间在一起……
因为我们在一起的时候,我的状态是最好的。
因为我不想和其他人在一起。
因为我们可以一起讨论许多有趣的事情。
因为我太爱这个人了。

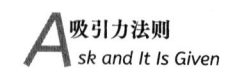

我想和对方一起享受更多的乐趣……

因为这是我们喜欢对方的首要原因。

因为我爱笑。

因为我喜欢寻找更多有趣的事情。

因为开心的感觉真好。

我想和对方更频繁地一起出去吃饭……

因为这会让我想起我们初次见面时的情景。

因为不用自己做饭,我觉得很省事。

因为我喜欢在环境优美的地方放松一下,享受与同伴相处的时光。

因为出去吃饭有更大的选择范围。

我想和对方更频繁地一起休闲和玩耍……

因为我们都生性爱玩。

因为我喜欢两人在一起放松的自由感觉。

因为在这样的情况下,我们能够产生最好的灵感。

因为这能增进我们的关系。

写下一份简短的清单,列出你脑海中很容易浮现出的你对工作的愿望。

我想赚更多的钱。

我想对我的工作充满激情。

我想和同事愉快相处。

我想有更强烈的使命感。

我想赚更多的钱……

因为我想买一辆新车。

因为如果工作有成就,我就会自豪。

因为这样就有很多好玩的地方可以去,很多有趣的事情可以做。

因为清空账单让我感觉良好。

我想对我的工作充满激情……

因为工作是我生活的重要组成部分,在工作中感到快乐很重要。

因为对工作产生真正的兴趣,能让我感觉良好。

因为当我精神焕发的时候,时间会过得很快。

因为感觉良好本身就是好事!

我想和同事愉快相处……

因为他们是我生活的重要组成部分。

因为我们可以相互成就。

因为每一次互动都能产生奇妙的可能性。

因为我喜欢鼓励他人。

我想有更强烈的使命感……

因为我想有所作为。

因为我喜欢将自己的想法付诸实践。

因为我喜欢沉浸于工作的感觉。

因为我喜欢体验获得新想法的感觉。

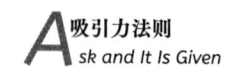

这个方法将帮助你把能量集中在个人体验的四个主要主题上。我们鼓励你在开始的时候，每个星期玩一次这个游戏，持续一个月左右，然后，每个月玩一次。

不要试图写出关于这四个主题的所有内容。只写下你脑海中当下直接呈现出来的事情。

这个方法轻松而简单，会让你更频繁地激活你最重视的事情，你会立即开始看到各种证据，表明与这些主题有关的环境和事件在不断增加。

更多关于"创意工作坊"的方法

就像磁铁一样，你正在吸引各种思想、人物、事件、生活方式——你生活中的一切。因此，当你按照事物的本来面目观察它们时，就会吸引更多相同的东西。但当你按照你喜欢的样子看待事物时，你就会按照自己希望的样子吸引它们。这就是为什么你觉得情况越好，它就越好，你觉得情况越糟，它就越糟——人们往往只是按照事物的本来面目观察它们。

创意工作坊的方法将帮助你选择成为哪种类型的磁铁。因此，你将不再受制于他人的信仰、愿望或看法，因为你将成为强大的自主创造者，创造你和你的体验。

·小宝贝，欢迎来到地球·

如果在你诞生的第一天，我们想对你说点什么，我们会说：小宝贝，欢迎来到地球。没有什么是你不能成为、不能做到、不能拥有的。你是一个伟大的创造者，你之所以来到这里，是因为你拥有强大的、自主的愿望。你特别运用了奇妙的自主创造法则，凭借自身的自主创造能力，来到这里。

你吸引着各种生命体验，帮助自己决定想要什么。一旦你决定下来，就只专注于自己的愿望。你花费大部分时间，收集促使自己做出有利决定的数据，而你真正的工作是决定自己想要什么，并专注于你想要的事物，因为正是通过这样的专注，你才会吸引到它。这就是创造的过程。

但我们现在跟你说话的时候，你已经不是初生的婴儿。你已经降生到这个世界一段时间了，你们中的大多数人不只是通过自己的双眼来看自己——事实上，大多数时候都不是如此——在大多数时候，你们通过别人的双眼来看待自己。因此，你们中的许多人现在还没有达到自己想要的状态。

通过创意工作坊的方法，你可以实现自己选择的存在状态，从而有意识地获取宇宙的力量，开始吸引自己想要的对象，而不是吸引自己误以为现实的对象。从我们的角度来看，当前的存在状态（你所谓的现实）与你的真正现实之间存在着巨大的差异。

即使你无法拥有健康的体魄，或者你的体形也不尽如人意，你的身体也不具活力，或者你的生活方式让你不满意，你驾驶的汽车让你觉得尴尬，与别人的互动可能也无法给你带来快乐，我们也想帮助你认识到，虽然这些可能看起来是你的存在状态，但其实并不一定如此。

利用我们在此提供的方法，你可以每天花一点时间，将健康、活力、成功以及与他人的积极互动吸引到你的体验中——这些构成了你对完美生命体验的憧憬。

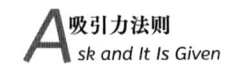

· 创意工作坊的另一个例子 ·

我们鼓励你每天运用这个工作坊,但时间不必太长。15 分钟到 20 分钟就够了。如果能找一个可以坐下来书写的地方就更好了,当然,你也可以找一个不受干扰的地方,在脑海中书写。但这种方法并不是让你进入一种恍惚的状态,也不是让你进入冥想的状态。运用此种方法的时候,你要清楚地思考自己想要什么,从而在内心激起积极的情绪。带着愉快、轻松的心情进入这个工作坊。如果你心情不愉快,那就不是运用创意工作坊的好时机。

在这个工作坊中,你的工作是吸收你从现实生活中收集到的数据,并将这些数据进行整合,形成一幅令你满意,让你心情愉悦的图画。在日常生活中,无论你做什么——上班、做家务、与家人和朋友交流——都要发现你喜欢的事物,收集它们的数据,然后把这些数据放到你的工作坊中。

你可能会遇到一位性格开朗的人,收集这些数据,随后将这些数据放到你的工作坊中;你可能会遇到某人驾驶一辆你喜欢的车,你也要收集这些数据;你可能会发现一个令你满意的职业……无论你看到什么让你感到满意的事物,记住它,甚至把它写下来,然后当进入工作坊时,你就可以开始吸收这些数据了。这样做之后,你就准备好了一幅自我图景,并开始把它吸引到你的体验中来。

针对你的创意工作坊,我们再举一个例子进行拓展:

我喜欢来到这个世界,因为我认识到这个时代的价值和力量。我在这个世界感觉良好。当我观察自己时,我把自己看作一个整体,我知道这个整体完全是由我自己创造的,当然也是我自己选择的。在人生的体验中，我充满能量，不知疲倦，一直前进，没有任何抵抗。我看到自己在这幅自我图景中滑行，穿梭于我的汽车、各种建筑物、各个房间，不断与人交谈，感受各种生命体验。我自由自在，舒适、快乐地流淌。

我观察到，自己只吸引那些与我当前意图和谐一致的人。我越来越清楚地觉知到自己想要什么。当我进入自己的汽车，前往某个地方时，我看到自己准时抵达目的地，而且身体健康、精神饱满，并为接下来的工作做好了一切准备。我看到自己着装得体，完全是自己选择的方式。

我很高兴知道，别人做什么并不重要，别人怎么看我也不重要。重要的是，我对自己很满意。当我在这幅自我图景中看到自己时，我确实对自己很满意。

我认识到，在生活的各个方面，我都没有受到任何限制：我的银行存款够用；我没有受到任何经济上的限制；我的所有决定都是基于自己是否想要这种体验，而不是基于我是否负担得起。我知道我就像一块磁铁，吸引着我选择的任何形式的成功、健康或人际关系。

我选择绝对的、持续的富足，因为我明白，宇宙中的财富是无限的，我将富足吸引到自身的行为并不会限制他人。每个人都是富足的。这并不意味着我要储存大量的财产。无论我想要什么，需要什么，都能轻松地让它们进入我的体验。我可以获得无限的金钱和各种成就。

我看到周围都是像我一样渴望成长的人，愿意顺应他们，让他们成为、做到或拥有自己想要的一切，因此就能吸引他们。我看到自己与他人互动——谈笑风生，享受他们拥有的完美性，同时他们也在享受我身上的完美性。我们互相欣赏。对自己不想要的事物，我们不去批评，也不会关注。

我看到自己身体健康，生活富足，享受着物质生命的体验，这正是我决定诞生，进入这具肉身时所渴望的。

我很荣幸能降生到这个世界，用我的物质大脑做决定，通过吸引力法则的力量来连接宇宙的力量。正是通过这种奇妙的存在状态，现在，我吸引到了更多同样的东西。这很好，很有趣。我非常喜欢这样的状态。

好，我今天的任务完成了。我将离开我的创意工作坊，在今天剩下的时间里，我将开始寻找更多我喜欢的东西。我的任务完成了。

在进入工作坊时，你已经感觉良好，随后，你把生活中令你满意的具体事物带进工作坊，当你更详细地畅想这些事物时，你在创意工作坊中创造的图像就会被投射到外部世界的生活中去。这是一个强大的工具，可以帮助你，让你为自己创造出完美的生活。

方法 4

虚拟现实

◆ 应用此方法的时机

- 当你感觉良好,想要练习顺应的磁场时。
- 当你回想起一段愉快的经历,想让这种感觉持续得更久,或者让它增强时。
- 当你想用愉快的方式度过空闲时间时。

◆ 当前情绪设定值的范围

当你的情绪设定值处于下述两种情况之间时,这种被称为"虚拟现实"的方法对你最有价值:

(1)喜悦/知识/赋能/自由/爱/欣赏—(8)无聊。

(如果你不确定自己当前的情绪设定值是什么,请回到第二十二章,浏览一下情绪导航量表上的22项分类。)

记住,你生活在一个磁场宇宙中,万事万物都受吸引力法则的管理。你想什么,就会获得什么,无论这是否让你满意,因为

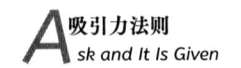

只要你关注某件事物,在磁场上与其达成和谐,它的磁场本质就会以某种形式开始在你的生命体验中显现出来。

因此,你可以说,宇宙会回应你的磁场、吸引点,回应你的想法和感受。宇宙不会对你体验中已经显化出的事物进行回应,而是对你现在散发的磁场进行回应。宇宙不会去分辨你实际拥有100万美元,还是在想象自己拥有100万美元。**你的吸引点反映的是你的想法,而不是你的显化。**

这个虚拟现实的方法不是让你去修复已经损坏了的事物。在使用这个方法的时候,你要有意识地在心里激活一个场景,使自己散发的磁场与你所激活的场景相匹配——当你在心里练习,观想一个令人愉悦的场景时,对应的让你感觉良好的磁场就会成为你新的设定值。

大多数人都会根据观察到的事物、人和环境来散发自己的大部分磁场。因此,大多数人的生活都是按部就班地进行,每天都没有明显的改善。这是因为,人们的想法往往遵循自己过去的经历,没有太大的不同。然而,通过虚拟现实游戏,你将改变这种状况,因为不管你将这个方法应用到你选择的何种主题上,都会使你的磁场远远超越当前的状态。由于宇宙只是回应你的磁场,而不是回应你当下的生活,因此,即使你以前从未经历过某些美妙的事物,它们在当下也可以开始流入你的体验。

我们发现,最常让你感到困惑的是,在对比的环境中——对比环境对促进你散发愿望焰火来说,是必要且宝贵的——你往往会激活多种混乱的能量。通常情况下,为了让你清楚地知道自己想要什么,你必须仔细咀嚼一些细节或事件,这些细节或事件有助于你知道自己不想要什么。换句话说,你什么时候会最清楚地表达出想要获得健康的愿望？通常是在你身体状况欠佳的时候，对吧？你什么时候怀有最强烈的赚钱愿望？最有可能的是当手头紧张的时候。当你感到困惑的时候，就是你更希望变得清晰的时候，对吧？当你不知所措的时候，不正是你想要获得安静的时候吗？当你感到无聊的时候，不就是你想要更多刺激的时候吗？

请记住，创意工作坊的方法包括三步：（1）进行祈求（这很简单，你一直都在提出祈求）。（2）回应祈求（这不是你的工作，而是本源能量的工作）。（3）顺应（对自己祈求的事物，处于接收的模式）。

你要意识到**第一步**和**第三步**是不同的，这一点很重要。当你专注于渴望的事物，或为此进行祈求的时候，你的磁场往往与你渴望的事物并不匹配。相反，你的磁场会与求而不得的状态匹配。

当你一次性收到所有账单，但你没有足够的钱来付清的时候，就会感到害怕和恐惧，说"我需要更多的钱"，或者你尝试使用更积极的词语，例如："我想手头宽裕点。"你正在实行**第一步**。你正在表达愿望。但是你还没有进入**第三步**，所以你把自己和渴望的事物分开了。

你一直在祈求。你无法停止祈求，这种对比的状态正在唤起你的愿望。你真正要做的工作是找到某种方式，让自己进入接收模式。这类似于想要接收卫星或无线电信号。要做到这一点，你必须将接收器设置在与发射器相同的波长上，否则你就会收到静电噪音，无法接收到清晰的信号。以同样的方式，你也可以通过感受自己的情绪来识别（发射和接收的）信号是否一致。换句话说，当你处于糟糕的状态，感到焦虑、沮丧、愤怒和受伤时，你

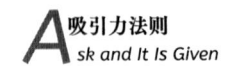

的这两种信号就是不一致的。

我们希望你放松，当你发现自己处于负面情绪时，不要对自己太苛刻。负面情绪是件好事，因为它让你知道，你需要做一些调整，才能与自己的本我保持和谐。

如果你真的无法保持和谐，换言之，如果你真的找不到良好的感受点，那么我们会建议你采用更舒缓的方法，那就是冥想。因为当你静下心来时，就停止了思考，而当你停止思考时，你的磁场就会自动提升。

当然，如果你能找到一些可以专注的事物，一些你可以轻松欣赏的事物，那么采用"欣赏狂潮"的方法就会更好，因为无论你身在何处，在何种环境下，都可以运用这个方法。但这个虚拟现实的方法可以在两个具体方面帮助你：你将习惯于不抵抗的感觉，因此你就会意识到，在抵抗思想刚刚生起的时候，你就更容易摆脱它。而且，当你处于不抵抗的状态时，吸引力法则时时刻刻都会以积极的方式回应你。

──◆── 更多关于"虚拟现实"的方法

在运用虚拟现实这个方法时，你就像电影导演一样，可以选择当下的一切。要启动这个过程，你首先要决定：**这个场景发生在哪里？** 选择一个让你感觉非常好的处所。这个地方可以是你去过的，也可以是你听说过的、在电影里见过的，甚至还可以是你想象的。

它是在室内还是室外？发生在一天中的什么时候？是上午、下午还是晚上？太阳是刚刚升起还是即将落下？是大白天吗？空气给你什么感受？温度是多少？你穿的是什么衣服？还有谁在场？选择一些让你感觉良好的事物。

不管你是独自一人还是和别人在一起，重要的是，如果你选择把别人带进你的虚拟现实，只要他们的存在让你感觉良好就行。

你现在是什么心情？你在笑吗？你正坐着静静地沉思吗？一旦你设定了场景，就可以想象自己可能会向对方说什么。

这个虚拟现实的方法旨在让你激活内心的磁场，让你处于顺应自身幸福的状态。因此，在你创建的这个虚拟现实里，你新房子的屋顶不会漏水，你不会把维修人员带到你的虚拟现实中，让他们来修理漏水的屋顶。你也不会贴上丑陋的壁纸，然后请人来更换它。你要把虚拟现实完全变成你想要的样子。

不要试图用这个方法来改善特定的某个现状，因为在试图修复某些东西时，你就会把你散发的磁场带入你的虚拟现实，这样做，你就会失去这个"虚拟现实"方法应有的效果。

· 没有什么比良好感受更重要的了 ·

只要你不是处于心情不好、愤怒或忧虑的状态，幸福就会自然而然地以精准的方式倾注到你的体验中，对你确定想要的事物进行回应。

这种虚拟现实的练习可以帮助你训练自己，让你更频繁地拥有更好的感觉。就像锻炼肌肉一样，你锻炼得越频繁，效果就越好。

有一次埃斯特在开车的时候练习过这种"虚拟现实"游戏。她发现，对她来说，最有效的方法是迅速进入虚拟场景，让自己

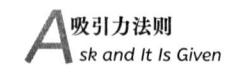

获得真正的良好感受，然后离开。如果在虚拟现实中停留得太久，她就会变得务实起来，试图改变他人或解决某些问题。但是，如果她只是选择一些让自己心情愉悦的事物，从而确定良好感受的场景应该位于何处，还有谁在场，这些人会有什么样的心情，和他们寒暄几句，然后迅速离开这个场景，这就能让她感觉很好。

我们鼓励你在开车、排队或躺在床上时玩这个游戏，你甚至可以抽出一些时间来玩这个游戏。当你创造出这些让自己感觉良好的场景时，就激活了一种感觉良好的磁场，**然后吸引力法则就会匹配你的磁场。没有什么比你感觉良好更重要的了，也没有什么比创造让自己感觉良好的场景更好的事情了。**

当埃斯特开车时，她会想象空气带来的感受，有时她会让空气有一点湿度；有时她会让干燥的空气轻抚她的身体，让自己感觉良好；有时她会让温度处于32℃，空气也不潮湿的状态。她尽量想象出能令她心情愉悦的种种温度、湿度和时间的组合。

然后，她想象许多可爱的朋友和她一起玩耍。他们会有各种美妙的体验。她对虚拟现实的技术越来越精通，以至于她希望停留得更久一些，因为在玩这个游戏时，她可以控制一切。

· 让你感到糟糕的想法就是糟糕的 ·

宇宙不知道（或者说不关注）你在某个时刻的磁场为何如此。换言之，医生昨天可能已经诊断出你身患重病，而今天，你可能正驾车行驶在高速公路上（就像埃斯特那样），在某种美妙的虚拟现实中。在这一刻，你的身体里不会呈现出任何疾病的状态。如果你能保持这种美妙的磁场，而不是维持对疾病的觉知，疾病就不会留在你的身体里。疾病之所以存在，正是因为在不知不觉中，你通过磁场的方式选择了与疾病本质相匹配的想法。

当你在磁场层面上选择每一个与疾病相匹配的想法，并且思考它时，你的感觉就会很糟糕。这给人带来的感觉就像愤怒、沮丧、怨恨、责备、内疚或恐惧……这些想法对你没有好处，而你也知道它们对你没有好处，因为当你生起这些想法时，就会产生不好的感受。就像触摸火炉会让人感到疼痛一样，感受负面情绪也会让人觉得疼痛。

很久以前发生的事情在你的磁场中并不活跃，昨天发生的事情，只要你现在不去想它，就不会以磁场的形式影响到你的吸引点——它们完全没有影响。所以你不必刻意摆脱过去产生的消极想法。

有时，当你与他人互动时，你会听到、看到或嗅到一些东西，这些东西会触发并激活你内心的某种磁场，让你产生不好的感受。这时候，你就可以说："哦，我的导航系统在发挥作用。我能感觉到体内有某种东西被激活了，但它对我并没有什么好处。因为，在这种磁场被激活的时候，我内心产生了一些抵抗，现在我没有顺应原有的幸福状态。"

所以，你此时应该选择一个感觉更好的想法。如果你练习过"虚拟现实"，那么就很容易找到感觉更好的想法。但如果你没有练习过，那么，当你深陷消极的想法时，就没有任何积极的地方可去。因此，你只需要耐心等待，直到这种想法逐渐消失。

· "虚拟现实"方法的另一个例子 ·

你越多地练习虚拟现实的方法，就能够越娴熟地练习无抵抗的磁场；你能够越娴熟地练习无抵抗的磁场，你的感觉就会越良

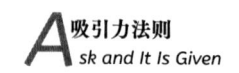

好,当然,你想要的事物现在也会很容易地开始流入你的体验。例如,想象以下场景:

地点:美丽的白色沙滩。

"现在是冬天,但气候宜人。气温为21℃,天上飘着朵朵白云,微风拂过肌肤,这种感觉非常美妙。

"我没有穿鞋,所以我很享受脚下凉爽、干净的沙子带来的感受。我的衣服很宽松,很舒服,我的身体感觉良好。我懒洋洋地走在沙滩上,精神抖擞,感到快乐、安全。

"我5岁的孙女和我在一起,她和我一样喜欢这个美好的一天。她很高兴有我陪着她,也似乎并不需要我哄着她玩;我很喜欢看她自得其乐地玩耍,她在沙滩上奔跑、挖沙子,享受着这片美丽的沙滩。我很高兴我们来到这个地方。这是一个很好的选择。

"我的孙女跑到我跟前,手里拿着她捡到的一个贝壳,她的双眼明亮闪烁,用欢快甜美的声音说:'奶奶,我很高兴我们能来这里。谢谢你带我们来这儿。'我对她说:'不用谢,乖孙女。我喜欢和你在一起。'"

这时候就是你离开这个虚拟场景的合适时机。

·不管是担忧还是兴奋,你的观想都会被匹配·

在图森,一位好朋友送给埃斯特一套风挡玻璃修理套件。埃斯特想知道怎么使用它。她读了说明书,心想:"这真是个好东西。"每次拿起这个套件,她都会想:"这是多么精巧的东西啊。"

随后，我们开车出门了，大约 10 分钟后，一辆卡车从我们身边疾驰而过，一块石头落到汽车的风挡玻璃上，并且迅速弹开。几乎是一瞬间，埃斯特就体验到她一直在观想的风挡玻璃维修需求。

无论你在虚拟现实中是忧虑还是欣喜，你都会散发一种遵循吸引力法则的磁场。

有人对我们说："观想对我来说很难，当我想到要进入虚拟现实时，脑海里一片空白。我不知道该怎么做。"

我们问：**"你还记得过去发生的事情吗？如果你能记起，那么你就能进行'虚拟现实'的练习，因为这些事情都不是当下发生的；当你回忆时，你就是在重新创造它们。"**

因此，观想过去发生的事情或进行虚拟现实练习，两者并没有什么不同。这是一种魔法，当你这样做的时候，你的目的只有一个，那就是取悦自己。

当你练习这个方法，进一步激发你的想象力时，你不仅会发现此方法是令你愉悦、让你感觉良好的消遣方式，还会发现你在无数主题上的主导性磁场正在发生变化，而你的生命体验也相应地不断获得改善。

方法 5

财务自由的游戏

◆── 应用此方法的时机

- 当你想要扩展想象能力时。
- 当你想让自己的愿望更加明确或具体时。
- 当你想让更强劲的金钱之流进入你的体验时。
- 当你想提高各种事物的丰足程度时。

◆── 当前情绪设定值的范围

当你的情绪设定值处于下述两种情况之间时,这种被称为"财务自由"的游戏对你最有价值:

(1)喜悦/知识/赋能/自由/爱/欣赏—(16)气馁。

(如果你不确定自己当前的情绪设定值是什么,请回到第二十二章,浏览一下情绪导航量表上的 22 项分类。)

运用这个方法时,你首先要建立一个假想的活期存款账户。换言之,这里不涉及实际的银行,但你要像使用实际账户一样存款和取款。你可以使用老式的记账本，也可以使用电脑中的会计程序，甚至可以用笔记本进行记录，用白纸作为存款单和取款单，以此建立一个完整的系统。你要尽量让自己感受到这个过程是真实的，这样做非常有价值。

第一天，存入1000美元，并花掉它。换言之，在你的账户里存1000美元，然后取出来花掉。你可以一次性花掉这笔存款，也可以将这笔钱用在几件不同的事情上。这个游戏的重点是让你从想象的购买中获得乐趣，并享受开支票的过程。

支票的备注部分要描述清楚。例如：用于购买漂亮的书写笔、高档的跑鞋或者购买戈登健康水疗中心的会员卡。你可以当天就花完，也可以留一些钱到第二天再花。不过，我们鼓励你当天就把钱花完，因为这样明天你就可以存入更多的钱。

第二天，存入2000美元。

第三天，存入3000美元。

第四天，存入4000美元。

在第50天时，存入5万美元。在第300天时，存入30万美元。如果你每天都玩这个游戏，持续一年，你存入并花费的总额将超过6600万美元。

你的想象能力将会大大提高，你也会从中受益。换言之，当你连续玩这个游戏几个星期后，就会发现花这么多钱需要真正的专注力。因此，你的想象能力会得到极大的扩展。

很多人其实并不怎么锻炼自己的想象力，他们几乎完全根据自己观察到的现象来散发磁场，但是通过玩这个游戏，你会发现自己正在寻求全新的想法，随着时间的推移，你会感受到自己的愿望和期望在不断扩展。这样一来，你会因为改变自己的吸引点

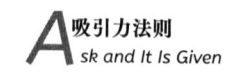

而大受裨益。

你会看到，宇宙是在回应你散发的磁场，而不是在回应你当前的存在状态。所以，如果你只把注意力放在自己当前的存在状态上，那么你的未来也会按照当前的状态发展。但如果你专注于游戏所唤起的这些美妙的、不断扩展的想法，那么，宇宙在当下就会对这些想法的磁场做出回应。

宇宙不会区分你对真实体验散发的磁场和你通过想象散发的磁场，因此，这个"财务自由"的游戏是改变磁场吸引点的有力工具。

你可以在短时间内玩这个游戏，也可以花一年甚至更长时间玩这个游戏。无论你怎么选择都可以。一开始你可能会觉得很别扭，但玩的时间越长，你的想象力就会变得越丰富。随着想象力变得更丰富，你就能更加专注于快乐和扩展的精神，你的吸引点也会发生变化。

通过开支票，运用想象力，写备忘录，在书写的时候你集中注意力，在开支票的时候，你不会感觉到任何抵抗，因为你不会担心超支，不管你想成就任何事情，都会获得所有必要条件：当你处于无抵抗的状态，或者更确切地说，处于顺应状态时，你就已经表达了自己的愿望。

因此，你不仅因丰富的想象力而受益，你的吸引点也会发生改变，你的生命体验也会随之改变。不仅是你的财务状况会得到改善，而且你怀着愉悦心情关注的所有事物也开始流入你的体验。

你可以自由地开启或停止这个游戏，可以用任何方式玩这个游戏。这个游戏没有任何规则，没有什么该做或不该做。换言之，你可以随心所欲地开始玩这个游戏。你想花多少钱就花多少钱。但重要的是：**尽量发挥你的想象力。**

如果你是一个雕塑家，在开始工作的第一天，你不会拿着一大团黏土，把它扔在桌子上，说："哦，这个作品不对劲。"你会塑造这团黏土，不断改进作品。你会增加更多的黏土，取用不同颜色的黏土。在不断付出，不断努力的过程中，你会找到不断进步的方法。然而，当你用创世能量的黏土进行创造时，大多数人并没有主动努力引导自己的思维。换言之，就好像是一位雕塑家拿着黏土往那里一扔，终其一生都在抱怨。

"嗯，我的人生不太如意。我父母当初不该如何如何"，或者说"经济政策应该如何如何"，或者说"这是不公正或不公平的"，或者说"我不喜欢别人处理这件事的方式"。我们要告诉你的是：**"你要亲自去塑造自己的黏土！你要用自身愿望的力量召唤能量，用自身的想象力塑造这股能量。"**

有位朋友最近对我们说："我觉得你们不在乎我的爱人是否回到我身边。我觉得你们是在让我想象他，这样我就会忘记他不在我身边。"我们说：**"这种说法是完全正确的，因为当你想象他在你身边的时候，那么，在你的喜悦中，在当下的这一刻，你就在散发磁场，你召唤并顺应上帝的力量——生命的力量——让这股力量在你体内流淌。没有比这更美妙的事情了。"**

然后我们说：**"这样，当你通过此种方式达到这种美妙的状态时，他肯定会来到你身边。但是，如果你一直渴望他来到你身边，更频繁地觉知到他实际不在你身边，那么他不仅不会回来，而且你在当下所感受到的痛苦也是因为你选择了一种磁场，这种磁场并没有顺应你的愿望所召唤的能量。"**

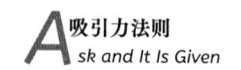

带着愉悦的心情玩这个财务自由的游戏，不仅能改善你的财务状况，还能改善你生活的方方面面。这不仅能帮助你针对自身愿望激起更强烈的磁场，还会帮助你在更多的时间里集中注意力，让你渴望的事物流入你的体验。

练习这个游戏会让你产生更广阔、更符合期望的磁场。我们向你承诺，随着磁场发生改变，你渴望的事物将会不断显化出来。

方法 6

冥想的方法

◆ 应用此方法的时机

- 当你想从抵抗中解脱出来时。
- 当你想用更简单的方法立即提升自己的磁场时。
- 当你想提升你的整体磁场水平时。
- 当你想觉知自己当前内在情绪设定值的范围时。

当你的情绪设定值处于下述两种情况之间时,这种被称为"冥想"的方法对你最有价值:

(1)喜悦/知识/赋能/自由/爱/欣赏　(22)恐惧/悲伤/抑郁/绝望/无力。

(如果你不确定自己当前的情绪设定值是什么,请回到第二十二章,浏览一下情绪导航量表上的22项分类。)

你持续思考的任何想法都被称为信念。你的许多信念都对你非常有益,例如:与本源知识和谐一致的想法,与你的愿望相匹配的想法……但有些信念对你并没有益处,例如:觉得自己匮

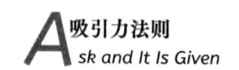

乏、毫无价值之类的想法。

现在，只要了解宇宙法则，并愿意主动选择自己的想法，慢慢地，你就能用充满活力的信念取代所有阻碍性的信念，但这里有一个方法，能让你在更短的时间内立即受益，改变你的信念。我们称之为冥想。

我们开玩笑地对人们说，我们之所以教授冥想的方法，是因为对你们大多数人来说，清空你的大脑比纯粹、积极地思考更容易。因为当你静下心来的时候，就不会产生任何思想；当你静下心来的时候，你不会有任何抵抗；当你没有任何抵抗性的想法时，你的生命磁场就会变强，变快，变纯净。

想象一个软木塞漂浮在水面上——这代表着强烈、纯净、快速的磁场，对你来说其实是很自然的。现在，想象把软木塞按到水下去——这就是抵抗的感觉。现在，想象把软木塞放开，看着它浮上水面。

当你像软木塞一样，自然地漂浮在水面上时，就自然而然地体验到强烈、迅速、纯净的磁场，没有任何抵抗力来阻碍你。而且，就像软木塞一样，如果没有任何东西将你按在水底，你就会马上回到属于你的水面。换言之，你不必刻意让自己处于自然的强烈磁场中，因为这本来就是自然而然的事情。但你必须停止那些导致你磁场变弱的想法。也就是说，你不要关注那些无法让你的软木塞漂浮起来，或者无法让你的磁场与本我和谐一致的事情。如果你不去关注那些与你的纯粹愿望相反的、你并不想要的事物，就不会产生抵抗性的磁场——你就会体验到自然的蓬勃发展和幸福状态。

任何决定都是愿望磁场的集中体现，当愿望足够强大时，决定点就显现出来。我们希望你遵守的唯一准则就是做出如下的决定：没有任何事情比你感觉良好更重要，你要去寻找能让你产生更佳感受的想法。让你的软木塞漂浮在水面上是唯一值得遵守的准则。

你可以说，冥想的方法是改变你信念的捷径，因为在万念止息的情况下，你的内心就不会产生抵抗；这样，你的软木塞就会自然地浮出水面。

现在，在开始冥想的时候，请坐在一个安静的地方，避免他人的打扰。穿上舒适的衣服。无论是坐在椅子上还是地板上，甚至是躺在床上都没有关系（但是如果你躺下就很容易睡着，就不要这样做）。重要的是你的身体要保持舒服的状态。

现在，闭上双眼，放松，呼吸。慢慢将空气吸入肺部，然后享受空气释放的舒适感（让自己感到舒适非常重要）。

如果你产生了杂念，就温柔地放下这个念头，或者至少不要通过进一步的思考来增强它——然后重新专注于呼吸。

你天生就倾向于集中注意力，所以在开始的时候，这个冥想的方法会让你感觉不自然，你会发现自己的思绪想回到之前一直关注的事物上。当这种情况发生时，放松，再次呼吸，并试着放下这个念头。

你会发现，如果选择那些微不足道、不容易引起你关注的念头，你会更容易平静下来。你可以专注于自己的呼吸，也可以在心里数息：吸气，呼气，还可以聆听水龙头滴水的声音……选择柔和的念头，就能放下所有抵抗性的想法，这就像软木塞漂浮在水面上一样，你的磁场自然会上升。

这个方法并不是让你为自己的愿望去奋斗，而是让你的心灵

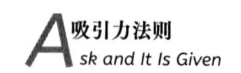

安静下来。当你这样做的时候，任何抵抗都会消退，你的磁场也会上升到自然、纯净的状态。

当心平静下来时，你可能会感受到身体上的超脱感。例如，你可能感觉脚趾和鼻子没有真正的区别。有时，你会感到皮肤下有痉挛和瘙痒的感觉。通常情况下，一旦你释放了抵抗，在自然纯净的强烈磁场中翱翔，就会感觉到身体里有一种不由自主的运动。你的身体可能会轻微地左右摇摆或前后摆动，你的头可能会轻轻地晃动。或者，你可能只是产生移动或打哈欠的感觉。但这些感觉或运动都表明你达到了冥想的状态。

现在，你的吸引点已经改变，你也正处于顺应的状态。你一直祈求的东西——你全部都得到了——现在正缓缓地流入你的体验。当你从冥想状态中出来时，这种顺应的状态会一直持续下去，除非你专注于那些散发不同磁场频率的事物。但只要练习得足够多，你就会习惯于高频率的磁场，你将能够随心所欲地在任何时候重新获得它。

你如果经常冥想，随着时间的推移，你就会对体内感受到的高频率很敏感。换言之，当你专注的事物让你的磁场强度下降的时候，你就更有可能在早期还不太明显的时候识别出来，以免下降得太厉害——而且你将能够轻松地舍弃自己抵抗性的思想，保持自身的平衡。

◆ 更多关于冥想的方法

许多生活教练（包括我们在内）都把冥想作为提升磁场的好方法。有效的冥想会使你远离在磁场中产生抵抗的身体觉知，因为当你不再专注于那些使你的磁场处于较低位置的事物时，你的磁场自然就会获得提升。这就像你撤回你的意识，但仍然处于清醒的状态。当你睡着的时候，你也会撤回意识，但当你沉睡的时候，你不会有意识地觉知到处于更高磁场中。当保持清醒并处于冥想状态时，你就能有意识地觉知到自己处于更高磁场中。久而久之，你就会对自己的磁场产生全新的敏感度，这样，每当你专注于某种事物但产生抵抗的时候，你就会立即知道。

有时人们会说："当人们开始运用冥想的方法时，他的生活就变得一团糟，这正常吗？"我们说这很正常，因为你把自己带到了一个高度敏感的地方，所以，对你来说，你以前获得的较低磁场模式现在就不那么舒服了。

· **提升磁场的其他方法** ·

现在，除了冥想，还有其他提升磁场的方法，比如聆听让你心旷神怡的音乐，在环境优美的地方慢跑、逗猫、遛狗等等。这些只是许多愉快活动中的一部分，它们会让你舍弃抵抗，提升你的磁场。通常情况下，当你驾驶汽车的时候，你正处于与本源能量连接的最高状态。这就是交通事故少的原因。蜿蜒起伏的道路不会让你分心，你脑子里想着前往一个新的地方，这往往会使你把各种烦恼抛到脑后。

你的目标是放下任何引起抵抗的想法，这样你就会进入一个纯粹、积极的思想状态。如果你不能完全静下心来，这也没有什么问题——除非你的大脑里萦绕的都是消极的事情。如果在冥想期间，你温柔地想起一些愉快的事情，这也是有价值的。

例如，在与我们喜爱的某个家庭共度时光后，我们快乐地在

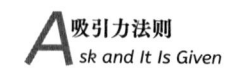

一起回味并谈论那美好的一天。无论什么时候，只要想要保持良好的心情，我们就会想起那天的某些事情——我们中某个人说过的话、孩子们做过的事情、美好的天气、美味的食物、令人精神焕发的林间漫步……

换言之，想要获得具有纯粹、积极能量的事物是很容易的。你也可以想想自己的宠物，这也可以是积极思想的一个很好来源，因为动物对你怀有无条件的爱。**只要找到任何一个让你感觉良好的想法，然后不断地练习，直到你开始在内心定下这种快乐的基调。这样，其他感觉良好的想法就会随之而来。**

· 冥想方法的另一个例子 ·

因此，我们将采用以下方法：每天静坐 10 分钟或 15 分钟，时间不要太长，我们会一个人静静地坐在某个不受打扰的舒适地方——也许是在树下，也许是在车里，也许是在浴室或花园……我们会尽量关闭自己的身体感官。换言之，如果光线太亮，我们会拉上窗帘；我们会闭上双眼；我们会选择一个安静的地方。

我们会觉知空气进入肺部，也会觉知空气从肺部呼出。我们将保持专注，绵长地吸气，绵长地呼气。我们将空气吸入，当我们觉得自己的肺可以舒适地容纳吸进的空气后，就温柔地把更多的空气吸进来。然后，当肺部充分扩张的时候，我们会绵长、缓慢而又愉悦地呼气。我们只是在当下有意识地觉知自己的呼吸，除了呼吸之外，什么也不做——不会想着去做早餐，不会想着去梳洗，不会去想别人怎么样了，也不去想昨天的事，不忧虑明天的事，在这一刻，除了吸气和呼气，不关注其他任何事情。

这是一种顺应的状态，在这种状态下，只需要片刻，你就可以停止操纵一切。你不再试图让任何事情发生。这个时候，你要对你的本源能量、你的内在生命、你的上帝（或者你想怎么称呼它都行）说：我在这里，处于顺应的状态。我正在顺应本源能量，让它纯粹地流过我的身体。

15分钟的努力将改变你的生活，因为它将让你本具的能量流动起来。你在当下会感觉更好，当你从这种状态中出来后，会感觉更有活力。

·15分钟能带来这么大的改变吗·

你马上就会注意到一个很大的好处，那就是你一直渴望的事物会开始出现。这是为什么呢？你可能会说："我静坐的时候并没有任何意图。我没有坐下来设定目标。我并没有坐下来，清楚地表明自己想要什么，也没有告诉宇宙我想要什么。为什么短短的15分钟，就能让这些事情发生呢？"因为你此前已经祈求过了，而现在，在你冥想的时候，你已经放弃了抵抗，不再去阻碍。因为你练习冥想，所以，现在能顺应自己的愿望流入体验。

如果没有无尽的愿望在你体内诞生，你就无法成为这个物质环境的一部分。当这些愿望在你的体内诞生时，宇宙也在回应它们。现在，因为你保持了15分钟的顺应，无论你是在爱抚猫咪、练习呼吸、聆听瀑布或舒缓的音乐，还是在运用欣赏狂潮的方法，在这段顺应期间，你建立了一种磁场，不再抵抗你一直祈求的事物。

"好吧，如果我已经消极了50年，我是否需要另外50年才能扭转颓势？"**不，15分钟就可以了。**

"在15分钟内，我可以改变我所养成的一切不顺应习惯？"

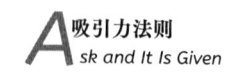

在这 15 分钟内，你只需要顺应——你不必改变任何事情。

"好吧，如果我真的养成了根深蒂固的坏习惯呢？只需要 15 分钟就能改变吗？"**可能改变不了。但下一次，当再次生起那些消极的想法时，你就能更清晰地觉知到它。你的导航系统会受到激发，这样你就会觉知到——也许这是你生命中的第一次——你正在用你的非物质能量采取行动。**

这一点非常重要，因为发生在你身上的一切，以及发生在你认识的每一个人身上的一切，都是因为你召唤、顺应或不顺应的能量而导致的。万事万物是基于它们与能量建立的关系。你所认识的每一个人，他们所获得的每一次体验，都来自生活中聚焦起来的愿望，以及他们在当下的顺应或抵抗状态。

· 我可以在 30 天内完成什么 ·

我们鼓励，每一天，你都要自私地说："没有什么比让我感觉良好更重要的事情。今天我将想方设法实现这一点。我要通过冥想开始全新的一天，让自己与本源能量保持一致。在这一天中，我要寻找机会去欣赏，这样，我就能在日常生活中一直把自己带回本源能量中。如果有机会去赞美，我就会去赞美。如果出现批评的苗头，我就会闭上嘴，尽量去冥想。如果我想批评，我会说：'小猫咪，快过来。'然后去爱抚我的猫，直到这种批评的感觉消失。"

即使是全世界最具抵抗情绪的人，通过 30 天的温柔努力，也可以变成最没有抵抗情绪的人。然后，那些关注你的人会惊讶地发现，你的体验中开始呈现出大量物质性的显化。

你好像站在一扇紧闭的门的一边，而另一边则是你一直渴望的事物，它们就靠在门旁边，等着你去开启这扇门。从你提出祈求的那一刻起，它们就一直在那里：爱人；完美的身材；理想的工作；你能想象到的所有财富；你曾经想要的所有东西；巨细无遗的各种事物；不管是你认为非凡而重要的事物，还是你认为并不重要的事物——**所有你曾经认定的、你想要的一切，都会在门外列队等候你。**

在你打开门的那一瞬间，你想要的一切都会涌向你。然后，我们甚至要举行一个研讨会，主题是"如何应对所有涌向你的物质显化"。

方法 7

评估梦境

◆── 应用此方法的时机

- 当你想知道自己为什么会做某个特定的梦时。
- 当你想了解自身磁场吸引点,以及在创造过程显化到现实生命体验之前,你处于什么状态时。

◆── 当前情绪设定值的范围

当你的情绪设定值处于下述两种情况之间时,这种被称为"评估梦境"的方法对你最有价值:

(1)喜悦/知识/赋能/自由/爱/欣赏—(22)恐惧/悲伤/抑郁/绝望/无力。

(如果你不确定自己当前的情绪设定值是什么,请回到第二十二章,浏览一下情绪导航量表上的22项分类。)

你的所思所想与显化在生命体验中的事物在磁场上总是匹配的,同样,你的所思所想与显化在你梦境中的事物在磁场上也总

是匹配的。

你的主导性思想总是与你的显化相匹配，因此，一旦你理解了自己的思想感受和显化在体验中的事物之间的绝对相关性，就能准确地预测进入你生命中的一切。

如果你能觉知到自己的想法，从而在事情发生之前就觉知到自己正在创造什么，这当然很好，但在事情显化出来之后，知道自己的哪些想法导致这件事的发生，也是很有价值的。换句话说，你可以在事物显化之前有意识地将你的思想感受和显化出的事物联系起来，也可以在事物显化之后这样做。这两种方法都有帮助。

你之所以梦到某件事，是因为它与你心中的长期想法相匹配。因此，由于你的每一个梦境实际上都是你的创造，你就不可能梦到任何偏离自身思想创造的事物。事实上，它出现在你的梦境中，就意味着你已经对它进行了大量的思考。

你如果经常思考某件事，你的感受本质最终会在现实的生命体验中显化出来，但是，它在你梦境中显化出来就不需要那么多的时间和注意力。正因为如此，为了理解你在清醒状态下的创造过程，你的梦境是非常有价值的。如果你正在创造不想要的事物，那么在它显化出来之前改变你的思想方向，会比等它显化之后再改变要容易得多。

评估梦境的过程如下：当上床睡觉时，你要有意识地觉知到，梦境准确地反映了你的想法。你对自己说："我想好好休息，醒来时精神焕发。如果梦中有什么重要的事情需要我记起，我在醒来时会回忆起来。"

然后，当你醒来时，在起床之前，先躺几分钟，然后问自

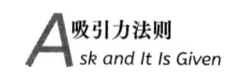

己："我还记得梦境中的任何事情吗？"虽然在接下来的一整天内，你都能记得梦境的各种内容，但通常情况下，回忆梦境的最佳时机是在刚醒来的时候。当你开始回忆某个梦境时，请放松，试着回忆你在梦中的感受，因为较之于回忆梦境的细节，回忆梦中的情绪能够提供更重要的信息。

你必须对某个主题给予足够的关注，它才会变得足够强烈，在你的体验中显化出来。同时，你也必须对某个主题给予足够的关注，它才能在你的梦境中开始显现。因此，强烈的情绪往往能够导致更有意义的梦境。这种情绪可能是美好的，也可能是糟糕的——但它往往需要足够强烈，以至于你能识别出这种感受。

"当时我有什么感受？"如果你做了一个感觉良好的梦，并且刚从梦中醒来，你可以确信，这个梦境主题反映的是你的主导性思想，指向你某个愿望的显化。当你做了一个感觉糟糕的梦，并且刚从梦中醒来，你就会知道，你的主导性思想正在吸引你不想要的事物。然而，无论你体验到何种事物的显化，你总是可以做出新的决定，让这种显化变得更加令人愉悦。

有意识地在生命体验中创造出越来越令人满意的情景，确实比你按照习惯创造出你其实并不想要的事物——然后再试图把它们变成你渴望的事物——更有成就感。因为，一旦观察到自己不想要的事物显化出来，你就要对其进行处理，你还要处理一开始就导致这些事物产生的思维习惯。

一旦你开始明白，你的梦境是你的真实感受和你所创造事物的奇妙反映，那么，你就可以开始有意识地改变你的想法，从而对梦境产生积极的影响。一旦你接收到积极的梦境，就知道自己正迈向更积极的现实显化之路。

如果你从噩梦中惊醒，也不要忧虑；相反，你要感激自己，因为你意识到自己一直在关注不想要的事物。就像你要感激皮肤上的感觉神经，它会提醒你正在接近高温物体，你也要感激你的情绪，它让你意识到，你的思想正在接近不想要的事物。

你在做梦时实际并不是在创造。你的梦境是你在清醒状态下所思所想的显化。然而，一旦你醒过来，并且思考或讨论你的梦境，这些想法确实会影响你未来的创造。

把你的梦境记录下来是有所裨益的，但没有必要记录得非常详细。记录梦境发生的大致环境、梦中出现的主要人物、你和其他人在梦中做了什么，最重要的是，记下你在梦境中的感受。

你可能会发现，在梦境中，你产生了多种情绪，但这些情绪之间也不会有太大的差异。例如，在同一个梦境中，你不会既感到狂喜又感到愤怒，因为这两种情绪的磁场频率悬殊，不可能同时出现。因此，一旦你确定了梦境带来的感受，如果你想改变或增强这种情绪，你可能要继续运用方法 22——"改善情绪导航量表值"。

◆ 更多关于"评估梦境"的方法

梦境可以让你洞察自己当下的磁场状态。你在梦境中会与非物质思想组块进行互动，而你对梦境的回忆就是将这种互动翻译出来。当你睡觉时，你会重新回到非物质能量中，并与之进行对话（不是通过语言，而是通过磁场进行对话）。然后，当你醒过来时，你会把这些思想组块翻译成物质性的等价物。

有时，当你长期渴望某件事物，但看不到实现它的任何可能

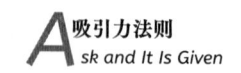

性时，就会做一个梦，在梦里你就真的实现了它。然后，通过愉快地回忆这个梦境，你会软化你的抵抗性磁场——最后，你的愿望就可以实现了。

许多年前，我和杰里参与了一项商业活动，但当时我们尚未进入恋爱关系。我们彼此欣赏，但并没有恋人的感觉，因为我们都没有顺应自己，所以无法拥有这种感觉。由于环境和信念，我们彼此甚至都没有尝试进入对方的思想舞台。

一天晚上，我梦见杰里（我清楚地看到了杰里）跪在我的床边，亲吻我的脸颊，这个场景就像我小时候听过的童话故事一样。当杰里用嘴唇碰触我的脸时，一种非常特别的感觉开始在我心中涌动——这是一种兴奋的感觉，一种一切安好的感觉，一种无法形容的感觉。此前，不管是在梦中还是在其他时候，我都从来没有体验过这种感觉。当我醒来时，脑海中一直萦绕着这个梦，我再也无法像此前那样看待杰里了。这个梦境让我产生了一种从未有过的感觉。那实在是太美好了，我不断尝试重新做这样的梦。如果我无法再次进入同样的梦境，那么我就努力记住它。我希望重新找回梦中的感觉，而这种感觉正是让我们走到一起的催化剂。

我一直在想："我希望从此过上幸福的生活。我想要拥有一位欣赏我的伴侣。我想拥有快乐的生命体验。"虽然我的生活中缺少这些，但是当我一直在思考这些事情的时候，我的内在生命听到我的需求，为我提供了一些视觉和感官上的东西，一些足以让我无法忘记的东西，一些足以让我不断呼唤的东西。当我把能量流向它时——哦，我们的关系进展得多么顺利啊！

·梦境是你未来的预演·

如果你在当前渴望某件事物，但是无法通过自己生活中的任何方式获得它……例如，你可能想要身体健康，但你从来没有健康过；或者你可能想要取得成功，但你从未成功过；或者你想要一位爱你的伴侣，但你从未拥有这样的爱人……那么，和你的内在生命谈谈吧，讲讲你想要什么以及想要的原因。让你的内在生命通过梦境为你提供图像，让你的能量流向这些图像，从而使你的磁场达到你渴望的状态，然后吸引力法则会把它带到你身边。

你的梦境是你磁场吸引点的显化，所以，你可以通过评估梦境确定你的磁场性质。你的梦境就像是即将发生的事情的预演，所以如果你对梦境的内容进行评估，通常就能确定你的吸引点是什么。如果你不想让自己的梦境变成现实，也可以采取一些措施来改变它。

由于周围的影响一直在促使你去思考，你可能会将能量流向经济窘迫，也可能会将能量流向身体功能失调，等等。因此，意识到你正在将疾病投射到未来后，你的内在生命可能会为你提供一个梦境，显示你正朝着危险的方向前进。于是，你醒来后说："啊，我不想这样！接着，你问自己：我真正想要的是什么？我为什么想要它？"然后，你开始富有成效地将能量流向你想要的事物，转化自身的能量，从而改变未来的体验。

方法 8

积极面之书

应用此方法的时机

- 当你专注于积极的想法,积极的情绪涌入你的内心,你希望长期处于积极良好的感觉中时。
- 当你觉知到某个需要你持续关注的主题让你产生不好的感觉,而你想要改善对此主题的磁场时。
- 当你关注的大多数主题都让你感觉良好,但有一些不舒服的部分,你希望改善这部分的感觉时。

当前情绪设定值的范围

当你的情绪设定值处于下述两种情况之间时,这种被称为"积极面之书"的方法对你最有价值:

(1)喜悦/知识/赋能/自由/爱/欣赏—(10)沮丧/烦躁/不耐烦。

(如果你不确定自己当前的情绪设定值是什么,请回到第二十二章，浏览一下情绪导航量表。）

要开始积极面之书的方法，需要买一本手感好的笔记本。选择一种令人愉悦的颜色，页面的线条宽度要符合你的书写风格，纸张质量要好，运笔时能让你觉得非常舒适，笔记本也要能被方便地摊开平放。

因为在运用此方法的时候涉及一些动作，因此你的注意力一定会更加集中，而且随着注意力的集中，你的心变得更清晰，更活跃。

现在，在笔记本的封面写上：我的积极面之书。

在第一天，你最好为运用此方法留出 20 分钟，在这之后，你可以每次增加一点时间。不过，你可能会发现这个方法给你带来非常大的益处，因此，你对此过程产生的良好感受非常满意，以至于可能想花更多的时间来做这件事。

接下来，在笔记本首页的顶部，写下总是能让你感觉良好的人或事的名字，或进行简短的描述。你可以写下你的爱猫的名字，也可以写下好友或爱人的名字，还可以写下你最喜欢的城市或餐厅的名字。当你专注于所写的名字或名称时，问自己这些问题："我喜欢你什么？我为什么这么爱你？你有哪些积极面？"

然后，温柔又轻松地写下你回答这些问题时产生的想法。不要强行作答，而是让自己的想法轻松地流淌到页面上去。只要思绪在流动，你就可以一直写下去，然后阅读所写的内容，享受自己写下的这些文字。

现在，翻到下一页，写下另一个让你感觉良好的人或事的名字或名称，然后重复这个过程，直到 20 分钟结束。

你可能会发现，即使是在第一次坐下来的时候，你也能成功

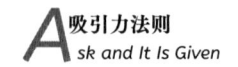

地激活自己内心强烈的欣赏和幸福磁场,其他一些名字或名称会源源不断地涌向你的积极面之书;当它们涌向你的时候,如果可以的话,花费一些时间,把这些内容写在笔记本其他页面的顶端。如果你觉得自己有时间,就立刻问自己以下的问题:"我喜欢你什么?我为什么这么爱你?你有哪些积极面?"如果没有时间,那就等到第二天再使用这个方法。

你寻找的积极面越多,发现的积极面也就越多;你发现的积极面越多,就会继续寻找更多的积极面。在这个过程中,你将在自己的内心激活一种高频率的幸福磁场(它会与你的本我匹配)。你的感觉会非常美妙,甚至能产生更好的效果:这种磁场将成为你的主导性磁场,你的所有体验都将开始反映这种更高频的磁场。

当你写满一个笔记本后,可能会发现自己希望再买一本,然后又买一本,因为在书写的过程中,你会感受到一种真正的专注力,在书写时,你会获得良好的感受,觉得有一种真正的力量将你与本源能量连接起来。

运用此方法的好处很多:在这个过程中,你会感觉很美妙。无论你当下的吸引点多么美好,它都会继续获得提升。你与自己所写的每一个主题的关系都会变得更丰富,更令人满意——吸引力法则会为你带来更多美好的人物、处所、体验和事物。

◆ 更多关于"积极面之书"的方法

想象一座美丽的城市:它不必是一座大城市,但要是一座完美的城市。这座城市交通顺畅,有许多风景优美的景点。在这座城市生活和工作是一种美妙的体验。当你想到我们向你描述的这座城市时，你可能会希望从此永远幸福地生活在那里。哦，但有一件小事我们忘了告诉你："第六大道上有一个很深的坑。"

现在，如果你专注于这座城市的积极面，如果你在这座城市生活，我们希望你从此过上幸福的生活。大多数人的生活并不会受到他人指出的积极面的影响，相反，他们更多地受到人们所指出的消极面的影响。其他人会告诉他们："小心第六大道上的深坑！"因此，由于周围人具有消极的倾向，大多数人都被"深坑"所吞噬。

比方说，有人被宣布身患绝症，医生给她判了死刑。然而，她身体的大部分，超过 99% 都像这座神奇的城市一样——功能良好。所有交通要道都运转良好。只是因为医生的诊断，她现在就将注意力放在"深坑"上——直到这个"深坑"最终吞噬了她的城市。

· 将注意力从城市的"深坑"上移开 ·

"当我专注于自己渴望的事物时，就会感觉良好。如果我专注于求而不得的状态，就会感觉糟糕。"

我们更进一步。你能将注意力同时放在多件事情上吗？不能。你能同时产生多种感受吗？你能同时产生既良好又糟糕的感受吗？不能。因此，如果你专注于渴望的事物，就无法同时专注于不想要的事物，逻辑不就是如此吗？因为这完全符合吸引力法则的指导原则。**而且，如果你专注于自己渴望的事物，就会感觉良好；如果你感觉良好，就会处于积极的吸引力模式中。这样一来，对你来说，最重要的工作不就是寻找所有事物的积极面，**

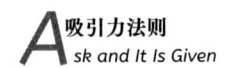

寻找所有事物中让你振奋的部分，将注意力从那些"深坑"上移开吗？

有时，在初次学习自主创造时，人们会忧虑。他们害怕自己的每一个负面想法都会被传播到宇宙中，这会把一些怪物带到自身的体验中。我们想缓解你的恐惧，因此提醒你：你生活在自身思想的平衡中，所以，只有你对某件事情进行了大量的思考，它才会显化到你的体验中去。但是，在这个社会，人们往往喜欢批评别人，关注过失，作为生活在其中的一分子，你必须面对事实，因此，你的个人思想也以担忧为主，而不会乐观地认为一切都好。

我们想鼓励你把更多的注意力放在让自己感觉良好的事物上——而不是采取激进的态度，一定要控制每一个想法——**你只需要下一个决心，寻求自己想要看到的事物**。这并不是一项很难完成的任务，却能让你的体验产生很大的不同。

· 关注让你感觉良好的事物 ·

现实中的一些事物似乎值得你去关注。"这毕竟是事实，完全是事实。难道我不应该把它记录下来吗？难道我不应该计算一下吗？难道我不应该统计一下吗？难道我不应该告诉别人吗？难道我不应该警告我的孩子吗？"

难道我们不应该将自己不想要的事物广而告之吗？既然它们是现实，为什么不强调一下？我们会问：你为什么要这么做？为什么不观察那些富有创造性的数据库，有选择性地筛选出你想要复制的现实，然后广而告之呢？你给出的理由并不充分。你说："我们关注负面的事情，因为它是现实。我们这么做，是因为别人也这样做。"

如果我们站在你们物质世界的立场,就不会因为某件事是真实的,就去关注它,我们会根据这件事散发的感受磁场,来决定是否关注它。因此,对那些愿意聆听我们指导的人,我们会告诉他们:"如果它让我感觉良好,我就全心全意地去关注;如果它让我感觉糟糕,我就根本不去观察它。"

你知道他们会对你说什么吗?"你应该直面现实!"那你就回敬他们说:"我一直在直面现实——我一直都是如此。只是在直面现实的时候,我会更主动地进行筛选。因为我发现,无论我面对的是什么现实,无论我谈论、思考、回忆、回味的是什么现实,无论我统计的是什么现实,无论在自己的磁场中我一直在维持什么样的现实,都会成为我自己的现实。所以,在将现实复制到自身体验的过程中,我会精挑细选,因为我发现自己能创造现实。我可以创造现实!我能创造现实——我可以选择我正在创造的现实。"

哦,我们乐于告诉你这一切。你是创造者,你可以创造任何想要的事物,但还有一种更棒的说法:**只要你关注什么,就有能力而且也将会将其创造出来。**

· 无论你身处何方,都将自由自在 ·

我们一直在得克萨斯州奥斯汀的一家酒店举办工作坊,这家酒店似乎经常忘记这件事。尽管合同已经签好,在抵达的当天,埃斯特也打电话确认过,但当我们到达酒店时,服务台后面那位可爱的女孩总是表现得很惊讶。然后,在为我们的工作坊做准备的时候,酒店的工作人员总是很仓促。换一家酒店也不失为一种

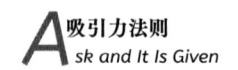

办法——但我们希望自己无论去哪里，都能自由自在，因为无论去哪里，我们都会带着自己的磁场习惯和模式。

因此，我们买一个笔记本，在笔记本的封面用粗体字写上：我的积极面之书。然后翻到第一页，写上：奥斯汀南方公园酒店的积极面。埃斯特开始写道："这是一个美丽的处所。地理位置优越，州际公路四通八达，路标的指示也很清晰。停车场车位充足，十分方便。我们的房间总是很干净。酒店有许多不同规格的房间，所以不管课程的规模有多大，这个酒店都可以容纳……"

当写下这些内容时，埃斯特发现自己没有理由换到另外一家酒店。换言之，对积极面的关注让她对这家酒店产生了好感，以至于她无法将酒店中任何不好的事物吸引过来。也就是说，通过主动运用这个积极面之书的方法，她把注意力从"深坑"上移开了。

· 你想获得什么样的推动力 ·

你可以从两个不同的角度来看待这个问题：**"如果我做了某事，就会有这些好事发生；如果我不做某事，就会有那些糟糕的事发生。"** 第一种方式激励你从积极的角度去行动。第二种方式推动你从消极的角度行动。依靠你所激发的积极情绪，你的积极面之书会让你越来越有能力吸引自己渴望的一切。

方法 9

撰写脚本

◆ 应用此方法的时机

- 当你感觉良好,想要为自己创造的生命体验添加细节时。
- 当你想识别并记录自己渴望的体验,从中获得喜悦,然后观察宇宙为你提供你所描述的事物的细节时。
- 当你想主动体验自己特别专注于某个想法所获得的力量时。

◆ 当前情绪设定值的范围

当你的情绪设定值处于下述两种情况之间时,这种被称为"撰写脚本"的方法对你最有价值:

(2)激情—(6)满怀希望。

(如果你不确定自己当前的情绪设定值是什么,请回到第二十二章,浏览一下情绪导航量表。)

一天晚上,埃斯特打开电视,发现自己立刻被一部电影吸引住了。在这部电影中,一位看起来不太成功的编剧最近发现他的

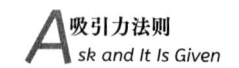

打字机似乎有魔力。每天，当他敲击打字机，描述各个场景，并写下演员要讲的话后，这些事情就会在他的体验中出现。因此，如果某个场景没有按照他希望的方式发展，他就会去打字机前写下一个改进的版本，然后这个场景就会在他的生命体验中上演。

其实事情总是这样的。当你用清晰的心关注自己渴望的事物，不是处于抵抗性的矛盾磁场状态时，你所渴望的事物就一定会实现。只要你有祈求，就一定会得到，每一次都是如此，没有例外。如果你渴望的事物没有实现，那只能是因为你的思想与愿望背道而驰，所以你没有顺应这件事的发生。没有任何其他因素禁止你实现梦想。以下是编写脚本这个方法的工作原理：假装自己是一名编剧，无论你写了什么，事情都会按照你所写的那样发生。你唯一的工作就是详细描述一切，完全按照你的想法去写。

由于你玩这个游戏的时候很开心，而且不是那么郑重其事，任何阻碍性的信念都不太可能被激活。换言之，你假装打字机、文字处理器、电脑或笔记本具有魔力，无论你写出什么，都能实现，你就完成了实现任何事情所必需的两件事：你聚焦了自己的愿望，而且没有任何抵抗。

这个撰写脚本的方法会帮助你更加明确自己的愿望，当对自己真正想要什么具有更清晰的认识后，你就会感受到这种明确专注的力量。你专注于某个主题的时间越长，赋予它的细节越多，能量运行的速度就越快。而且，通过练习，你可以切实感受到自身愿望的动力，也可以感受到宇宙力量的汇聚。通常情况下，你只需要凭自己的感受，就能知道自己什么时候即将实现突破或体验到事物的显化。

由于玩这个游戏需要你产生奇思妙想，你不太可能将疑虑或不相信的想法带到你的焦点上。当你保持轻松愉快的心情时，你就能在没有抵抗的情况下保持特定的关注点，同样，你也就获得一种完美的平衡状态，能够创造任何事物。

如果你经常玩这个游戏，并且在玩的时候乐在其中，就会开始发现奇特的证据，证明这个游戏的力量。你写下的内容将会在你的体验中出现，就像你在舞台上导演一出戏。当与你互动的人所说的话与你此前撰写的脚本吻合时，你会很高兴，因为你认识到了自身意图的力量。

你是你人生脚本的磁场编剧，而宇宙中的每个人都在扮演你分配给他们的角色。你可以按照自己的愿望编排人生，而宇宙也会按照你的意愿为你安排好人物、地点和事件。因为你是自身体验的创造者——你只需要决定并顺应它的发生。

更多关于"撰写脚本"的方法

撰写脚本是我们提供的一种方法，我们按照你的愿望向你展示宇宙的样子。如果你的磁场已经与自身的愿望和谐一致，你就会知道这一点，因为你的愿望已经成为物质现实。但是，如果你还没有实现自己的愿望，那么，撰写脚本就是一个很好的方法，可以加快愿望的实现。如果你养成了按照事物现状讨论事物的习惯，撰写脚本会帮助你打破这个习惯，并帮助你按照自己期望的方式谈论事物。撰写脚本可以帮助你主动表达自己的感受。

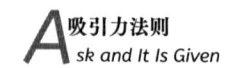

· 用脚本撰写你期望的生活情节 ·

我们首先将自己确立为中心人物，然后确定场景中的其他主要人物，最后撰写情节——采用书写的方式是最有效的，尤其是在开始的时候，因为书写能让你产生强大的关注点，但你没有必要写很多遍。

有一天，一位女士和我们一起练习撰写脚本，她说："我看到有两个人在沙滩上散步。"我们揶揄她说："那么，你是其中之一吗？"我们想告诉她的是，撰写脚本的全部意义在于以自己希望的方式去感受生命体验。

这种方法的目的就是练习感受你期望的生活。宇宙不知道也不关心你散发的磁场是对你实际生活的回应，还是对你所想象的生活的回应——无论是哪种情况，宇宙都会把这种生活传递给你。

如果你经常反刍自己的脚本，就会开始以现实的方式接受它，而当你以现实的方式接受它时，宇宙就会相信它，并以同样的方式进行回应。

方法 10

餐桌纸垫的方法

◆— 应用此方法的时机

- 当你想更有效地利用你的宇宙主管时。
- 当你想更频繁地通过能量的流动来创造自己的现实时。
- 当你想更少地通过自己的行动来创造自己的现实时。
- 当你觉得有太多事情要做时。
- 当你希望有更多的时间,更多地从事能让你心情愉悦的事情时。

◆— 当前情绪设定值的范围

当你的情绪设定值处于下述两种情况之间时,这种被称为"餐桌纸垫"的方法对你最有价值:

(2)激情—(11)不堪重负。

(如果你不确定自己当前的情绪设定值是什么,请回到第二十二章,浏览一下情绪导航量表上的 22 项分类。)

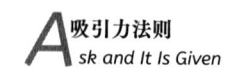

随着生活不断丰富起来，我们的想法和工作不断扩展，埃斯特开始随身携带一个笔记本，上面用清单记录她需要做的事情。这份清单已经有好几页了，被她戏称为"今日需要处理事项"。但是，即使10个人也不可能在一天之内完成这份清单上的事情。

每添加一个新条目，埃斯特就感到心情更加沉重，越来越不自由。因为她渴望成为有价值的人，再加上她甘于承担的天性，让她产生了一种巨大的责任感，而这种责任感压垮了她的自由感。

埃斯特坐在餐厅里，等待饭菜上桌，她一页一页地翻阅着自己的清单，偶尔会画掉已经完成的事项，每画掉一项，她马上又会想到要在清单上再增加三项，一种绝望的感觉压迫着她。

她拿起面前餐桌上的大纸垫，在纸垫的中间画了一条竖线，在竖线的左边写上标题"<u>今日待办事项</u>"，在竖线的右边写下"<u>我希望宇宙做的事项</u>"。

然后，她翻开笔记本上"<u>今日需要处理事项</u>"的长长清单，只选择那些她今天绝对要做的事情，她觉得必须做的事项，她真正想做的事项，只选择那些无论如何她都要在今天完成的事情，并把它们写在餐桌纸垫左侧"<u>今日待办事项</u>"的标题下。而现在，在餐桌纸垫的右侧，也就是她希望宇宙完成的一侧写下其他任务。

当她把其他事项依次转移到右侧时，每转移一项，就感觉轻松一些。

要想取得任何成就，她只需要做两件事：她必须确定她的愿望对象，然后她必须清除障碍，让这个愿望发生。换言之，就是提出祈求，然后找到一种方法，使自己的磁场达到顺应的状态——因为只要发出祈求，就能得到回应。

埃斯特此前总会去研究那一长串事项清单，觉得是自己的责任，当然，她这是在放大这个过程中的祈求部分，这样就会产生困惑和不知所措的感觉。这是一种情绪指标，表明她的磁场状态并没有顺应她所祈求的事项。

在她把这些项目转移到纸垫右侧的过程中，她的抵抗情绪开始软化，她的磁场开始提升。虽然她在当时没有意识到，但她的吸引点已经发生了变化，她立刻开始顺应自己的愿望，并让它实现。

接下来几天的经历让埃斯特感到惊叹不已。她不仅能够轻松地完成左侧那些简短且易于管理的清单，而且纸垫上属于宇宙那一侧的项目也完成了——但这不需要埃斯特花费任何时间、注意力，也不需要她采取任何行动。她一直无法通过电话联系到的人给她打来了电话。她手下的员工受到鼓舞，并以某种方式帮助完成清单右侧上的事项，然后向她汇报，而这完全不需要埃斯特进行提醒或要求。她的时间更充裕了，能够完成更多的事情，她对人、场所和交通的安排也更加从容了。

这个餐桌纸垫的方法使埃斯特能够更明确地关注自己的愿望，她第一次能够释放自己对这些事情的抵抗情绪。只要发出祈求，就能得到回应——但你必须接纳它。

◆ 更多关于"餐桌纸垫"的方法

很多时候，每当我们共进午餐时，埃斯特就会从包里拿出一张大纸，然后我们就在纸的正中间画一条竖线。左边写上：杰里

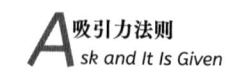

和埃斯特的今日待办事项。右边写上：宇宙的今日待办事项。在我们待办事项的一侧，我们写下当天计划要做的事情。在另一侧，我们写下了希望宇宙采取的行动。

过去，埃斯特一直都在笔记本上制作长长的清单。她经常在"今日需要处理事项"清单上列出大约10天的工作。很多时候，清单成了她的借口，她觉得自己不堪重负。也就是说，由于要做的事情太多，而她又无法完成，笔记本上的清单就有点拖垮了她。但现在她发现，她只需要把自己真正想做的事情列在餐桌纸垫左侧。这样一来，即使对马上就要完成的事情，她也很少产生抵抗。至于其他想做的事，无论是当天的事情，还是一年后或是10年后的事情，她都会写在餐桌纸垫的右侧——让宇宙来处理。

一天，当我们离开餐厅的时候，我说："你想把那张餐桌纸垫带走吗？"埃斯特回答说："最好让它留在原地，因为我没有后续的安排了。"她把纸垫留在餐桌上，把那份清单留给宇宙去处理。"没有后续的安排"，你看，再也没有任何事情把她弄得晕头转向，也没有任何事情对她穷追不舍。所以，当你明白源源不断的幸福之流涌向你的时候，就会处于这样的状态。

在你说出"我更喜欢""我喜欢""我欣赏""我渴望"的那一刻，天堂就为你打开，非物质的能量就会在那一瞬间开始安排，让你的愿望实现。这就是一瞬间的事情，甚至比你开口说话的速度都快，能量立刻开始流动，似乎有一种不可言说的无形安排，天时地利人和，一切水到渠成，让你如愿以偿。如果你没有抵抗，事情会发生得非常快。

·你清楚自己想要什么吗·

你不必一直告诉宇宙你想要什么，你只需要告诉宇宙一次。但是反复谈论它也有好处，那就是你会越来越清楚自己想要什么。通常情况下，在初次述说的时候，你并不能清楚地表达出你想要的一切，所以，你述说得越多，就越能将它调整好。但是，当你说"我渴望它"时，宇宙就会开始将它显化出来，然后当你说"我还希望它如何如何"时，宇宙就会修正它。你说"再加上这件事就更好了"，宇宙就会……你明白我们的意思了吧？一旦你清楚自己渴望什么，一旦你关注了它，知道自己的愿望，它就会朝着你走过来。一切水到渠成。然而，物质层面的显化可能要晚一些，因为大多数情况下，你会遇到足够大的抵抗，使你无法立即得到它。

方法 11

区段性意图

❖ 应用此方法的时机

- 当你希望自己的影响力在一天中的某个特定区段占据主导地位时。
- 当你意识到某件事情可能会不太顺利,而你想确保它按照你的意愿发展时。
- 当时间或金钱对你特别重要,而你想充分利用它时。

❖ 当前情绪设定值的范围

当你的情绪设定值处于下述两种情况之间时,这种被称为"区段性意图"的方法对你最有价值:

(4)积极的期望/信念—(11)不堪重负。

(如果你不确定自己当前的情绪设定值是什么,请回到第二十二章,浏览一下情绪导航量表上的 22 项分类。)

专注于一个全新的、不太强烈的想法并使其扩展,比试图改变一个已经扩展的强烈想法要容易得多。换句话说，创造更好的未来体验要比改变当前已有的体验更容易。

如果你当下的身体状况吸引了自己的注意力，那么你就会通过对这个状况的关注，将其投射到你的未来体验中。但是，如果你关注全新的未来体验，你当下就在激活这种不同的体验，当你把这种已经改变了的体验投射到未来时，你就舍弃了当下的体验。

这就是"区段性意图"的力量。在运用这个方法的时候，你定义了自己将要进入时间区段的磁场特征。可以说，这是一种预先铺设磁场道路的方法，让你的人生旅程变得更加轻松愉快。

如果你心情不好，这意味着你的磁场频率中存在着相当大的抵抗，那么，由于无法从当下状态摆脱出来以获得完全不同的想法，你通常会将当下的磁场期望投射到即将进入的区段中。因此，我们鼓励在你感觉良好的时候运用"区段性意图"的方法。如果你在当下感觉不太好，可以尝试其他方法，以改善你当前的情绪和吸引点。一旦你感觉变好了，就可以回来，运用这个强大的"区段性意图"方法。

这个方法能够帮助你更主动地集中思想，还能够帮助你更清楚地意识到你当前的想法，让你更主动地在各种想法中进行选择。随着时间的推移，在进入一个新的时间区段时，你就会自然而然稍微停一会儿，对自己的意图或期望进行引导。

只要你的意图发生变化，你就进入了一个新区段：如果你正在洗碗，电话铃响了，你就进入了一个新区段；当你进入汽车时，你就进入了一个新区段；当其他人走进房间时，你就进入了一个新区段。

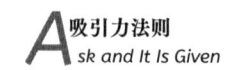

如果在进入新区段之前，你提前花时间思考自己的期望，就能更有针对性地为新区段定下基调，这比你贸然进入新区段才开始观察它的存在状况更有针对性。

例如，你正在做晚饭，并享受着你已经确立的节奏和流程。一切都在按部就班地进行，你期待着一切都恰到好处。

电话铃响了（你进入了一个新区段），你生起了不接听电话的意图。你生起意图：让应答设备接听电话。接着，你生起意图：等有时间时再回电话。

这样，你做饭的节奏和流程就没有被打乱；你的区段稍有改变，但你保持了平衡，一切都好。

另一种情况：电话铃响了——你进入了一个新区段。你想起自己一直在等一个重要的电话，你不想错过它。你给这个区段设定了一个意图：要高效、简短、快速、得体地收集信息。由于你已经产生了积极的想法，你的积极期望与之完美契合，所以甚至在拿起电话之前，你就已经知道，为了符合获得良好感受的意图，你要如何准备对话。

实际上，你正在不断地为未来的体验铺路，这一切甚至是在不知不觉中进行的。你在不断地将自己的期望投射到未来的体验中，而这个区段性意图的方法可以帮助你主动地思考自己在投射什么，而且还能让你控制未来的区段。

你可以为随后的未来体验铺路，也可以为遥远的未来体验铺路，一旦你能获得机会，知道主动的想法是如何对自己的体验产生积极影响的，你就会欣然这样去做。和其他方法一样，你应用得越多，就会越熟练，也会觉得越有趣，也越是能够获得有效的结果。

如果新区段包括一些你从不喜欢做的事情，那么，"区段性意图"就不是你应该运用的最佳方法。当然，运用这个方法总比完全不主动产生意图要好，但如果你碰到恰当的机会，将其他更合适的方法（方法 13 至方法 22）运用到这个主题上会更有价值。

例如，你要去拜访你的婆婆，你认为她一直不喜欢你；或者你和另一位同事共用一个办公室，而你在很多方面都讨厌对方……

你会生起意图，构建想要的感受，并对此区段如何展开产生期望，当你发现自己为了获得积极的场景而苦苦挣扎时，如果能停止使用这个方法，那往往是有益的。你要换一个主题，想想其他令人愉快的事情，稍后再运用另一个方法。

❖ 更多关于"区段性意图"的方法

你生活在一个美好的物质时代，生活在一个高度科技化的社会，可以从世界各地获得思想刺激。你从这一切中获益，因为它们为你提供了许多成长的机会，但你也从思维刺激中感受到一些弊端——这些弊端导致了种种混乱。因为如果你专注于某个狭窄主题才能获得清晰的了解，当你同时专注多件事情的时候，就会产生混乱。

你是倾向于接受的生命。你的思维过程非常迅速。当你考虑某一个主题时，就能通过吸引力法则的力量，使该主题越来越清晰，直到你能完成与之相关的任何事情。但是，由于现代社会给你带来非常多的思想刺激，很少有人能够长时间地专注某件事情，并不断深入推进。**你们中的大多数人都被大量的思想分散了**

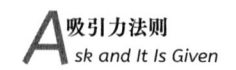

注意力，以至于没有机会深入发展任何一种思想。

· 自主创造的关键所在 ·

"区段性意图"的方法重点在于明确自己想要什么，这样你就可以开始有意识地吸引自己渴望的事物。

以下是你自主创造的关键：把自己视作一块磁铁，在任何时候都能吸引与自己相应的感受。当你具有清晰的感受，并处于受控状态时，就会吸引到清晰的环境；当你感到快乐时，就会吸引快乐的环境；当你感到健康时，就会吸引健康的环境；当你感到富足时，就会吸引富足的环境；当你感到被爱时，就会吸引充满爱的环境。你的感受实际上就是你的吸引点。

因此，这个"区段性意图"方法的价值在于，鼓励你在一天中多次停下来，说："这就是我在这段人生体验中想要的。我渴望它，我期待它。"当你进行这些强有力的陈述时，就成了我们所说的选择性筛选者。你会吸引渴望的事物进入你的体验。

然而，"区段性意图"之所以有效，是因为如果你想同时思考多件事情，就会变得不堪重负、无所适从。因此，你可以将未来分成一个个的区段，这样做的价值是，你就不需要在同一时间区段考虑那么多事情。你只需要问自己："我现在想要什么？"

如果你同时渴望很多事物，只会增加混乱。但是，在任何特定的时刻，如果你只专注于当下想要的具体事物，就会变得清晰，并且有力量，从而能够去创造——因此，做事也会有效率。这就是"区段性意图"的意义所在：当你进入一个新区段时，停下来，确定你最想要的是什么，这样你就能将注意力集中在这个区段上，从而让自己拥有力量。

有些人在日常体验的某些区段上是专注的，但很少有人能在日常生活的大部分时间里保持专注。因此，识别出各个区段——**并确定这些区段中什么是最重要的**——会让你在日常生活中的每个区段都成为主动的吸引者或创造者。

你不仅会发现自己的工作效率提高了，还会发现自己变得更快乐了，因为当你主动确立意图，然后顺应并接受时，就会发现自己能获得极大的满足。你是追求成长的生命，当你不断前进时，就是最快乐的。当你感到自己停滞不前时，就不是处于最快乐的状态。

·**日常运用"区段性意图"的例子**·

我们想通过一个日常的例子来引导你，当意识到自己正在进入新区段时，你可能会主动地确立意图。比方说，你决定，在一天结束，上床睡觉前，运用这个方法，意识到进入睡眠状态将是一个你要体验的新区段。因此，当你把头放在枕头上，准备入睡时，就确立一个安然入睡的意图。你确立意图，要让身体器官恢复活力，想象自己第二天醒来时精神焕发的感受。

当你早上睁开眼睛时，认识到自己现在已经进入新的生命体验区段，从你躺在床上到你起床算一个区段。为这个区段设定你的意图："当我躺在这里时，我生起的意图是，对这一天有一个清晰的愿景。我打算用振作和激动的心情迎接这一天。"然后，你躺在床上，开始感受到即将到来的这一天让你神清气爽。

当你起床的时候，你已经进入了生命体验的另一个区段。这可能就是你为这一天做准备的区段。因此，在这个新区段，你刷牙、冲凉或做任何其他事情，你产生的意图是：让自己有效率，

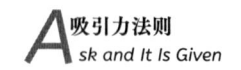

并享受其中，让这个区段成为令人振奋的时刻，为你的这一天做好准备。

当你准备早餐时，你产生的意图是：高效地准备早餐，为自己的身体选择营养最均衡的食物。你的意图是，你将从早餐中得到补充，更有精神，你将享受这份食物。设立这样的意图后，你就会发现，当你进食时，你会感觉更有活力、更受滋养、更有精神。你会比没有设立意图的时候更享受这次用餐。

当电话铃响起时，你意识到，现在即将进入一个新区段。当你拿起电话时，先确认是谁打来的，在开始说话之前，清楚地确立自己的意图。当你进入汽车，或者前往工作地点，或者无论你要去哪里的时候，你产生的意图是：安全地从一个地方到达另一个地方，并在前进途中感到精神焕发、幸福快乐，也要觉知到路上其他司机的意图，这样你就可以在车流中高效地行驶。

下车后，你就进入了另一个新区段。因此，请暂停片刻，想象自己当前想要去哪里，在行走的时候保持感觉良好，设定意图：在不同地点行进的时候，要高效，保证安全，并感受到全身的活力，保持思维的清晰，然后准备为下一个区段确立意图。想象一下向秘书、雇员或雇主打招呼的情景。把自己想象成鼓舞他人的人，准备好微笑，虽然你觉知到自己遇到的每个人都没有主动确立意图，但你知道，你在主动确立意图，所以你能掌控自己的生命体验，不会被其他人的困惑、意念或磁场所扰乱。

当然，你的区段不必跟我们所举的例子相同。你每天也不必重复相同的区段。刚开始的时候，你会发现自己无法熟练地识别，需要过一段时间，才能更快地识别各个区段。有些人可能会发现，随身携带一个小笔记本，不时地停下脚步，在写下自己意图清单的同时，确定一下区段，这样会更富有成效，因为在书写的过程中，你会发现自己处于最清晰、最专注的时刻。因此，在开始主动运用这种"区段性意图"的方法时，你会发现笔记本能给你带来非常大的助益。

当一天结束的时候，你会感受到自身意图产生的力量和动力；你会觉得自己不可战胜；你会觉得似乎没有什么是你不能成为、不能做到或不能拥有的，因为你一次又一次地看到自己在创造性地掌控着生命的体验。

方法 12

积极假设

◆── 应用此方法的时机

- 当你发现自己倾向于消极,从而产生抵抗,但你又想把抵抗转化为更积极的东西时。
- 当你已经感觉良好,而想更有针对性地关注生活中的某些方面,让它们变得更好时。
- 当你想温柔地引导一次消极(或具有消极倾向)的对话,使其变得更积极,从而使自己或者他人受益时。

◆── 当前情绪设定值的范围

当你的情绪设定值处于下述两种情况之间时,这种被称为"积极假设"的方法对你最有价值:

(4)积极的期望/信念—(16)气馁。

(如果你不确定自己当前的情绪设定值是什么,请回到第二十二章,浏览一下情绪导航量表上的 22 项分类。)

当你说"我希望这件事发生,但它尚未发生"时,你不仅激活了愿望磁场,而且还激活了求而不得的磁场——所以事情没有任何改变。很多时候,即使你不说这句话的后半部分,而只是说"我希望这件事发生",你的内心也会产生一种不言而喻的磁场,持续让你处于一种不顺应愿望发生的状态。

但是,如果你说"如果这个愿望能实现,那不是很好吗",你就会产生另一种期待,从本质上说,它的抵抗就要小得多。

你向自己提出这样的问题,自然会得到一个更积极、更值得期待的回应。因此,这个简单而强大的游戏会改善你的磁场,提升你的吸引点,因为它自然而然地引导你走向你想要的事物。这个积极假设的方法能帮助你在所有主题上实现自己的愿望。

如果我们能和这些朋友一起度过最美好的时光,那不是很好吗?

如果交通顺畅,旅行愉快,那不是很好吗?

如果我今天的工作富有成效,那不是很好吗?

或者,主题可以换成一段美好的新恋情。例如:

如果我找到一段良缘,对方像我爱他一样爱我,那不是很好吗?

如果我找到一个人,我们一起愉快地看夕阳,那不是很好吗?

如果有人在寻找像我这样的人,那不是很好吗?

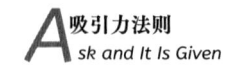

积极假设的游戏之所以如此重要和强大，是因为当你说"如果……那不是很好吗"的时候，你就选择了你渴望的事物，并且温柔轻松地对待它。换言之，情况并没有什么糟糕的。这是一种更柔和的磁场。

例如，假设你想减轻体重，以下是积极假设的例子：

如果我偶然发现了一个减肥妙招，那不是很好吗？
如果我的新陈代谢能够配合我的身体，那不是很好吗？
如果我一直坚守这个减肥的愿望，让它像明灯那样引领着我，那不是很好吗？
如果我能遇到一个减肥成功的人，从而燃起我心中的希望之火，那不是很好吗？
如果我能恢复少女时期的体重，那不是很好吗？
如果我看起来像过去这张照片中的样子，那不是很好吗？

你的逻辑往往会告诉你："哎呀，我处于这样的状态已经很久了。如果我知道怎么做，或者擅长那样做，我早就实现了愿望。"这样想就是在与自己的愿望背道而驰。这样一来，你的磁场就一直处于与愿望相违背的状态。然而，当你玩积极假设的游戏时，这种情绪就会被削弱。

如果我的身体像我梦想的那样，那不是很好吗？
如果我发现减肥变得更容易，那不是很好吗？
如果我能调整好能量，周围的一切在磁场上也与该能量和谐一致，那不是很好吗？

如果我全身的细胞都能配合我的思想愿景，那不是很好吗？

如果我的身体让我感到轻松，那不是很好吗？

如果我的身体开始选择适合自己的食物，那不是很好吗？

如果我产生更大的动力去锻炼，那不是很好吗？

如果我身体燃烧热量的功能开始高速运转，这个过程变得轻松，几乎不费吹灰之力，那不是很好吗？

如果我对饮食的各种规划变得井井有条，这样我就能从饮食中获得乐趣，而这一切与我的身体需要散发的磁场和谐一致，那不是很好吗？

通过温柔地玩这个游戏，你就能让自己处于和谐一致的状态。你也可以完全放弃这个主题，不再去想它——但这是一件很难做到的事情，因为你每时每刻都会注意到自己的身体。换言之，你很难忘记自己超重这件事。因此，既然很难忘掉这件事，你最好就强迫自己选择积极假设的方法，让自己产生愉快的想法。

还有一件事：不要期望立竿见影的效果。要知道，在时机成熟的时候，一定会有效果。换言之，通过你的思想和行为，你已经影响到了整个细胞群落，而你即将燃烧掉这个群落的大部分细胞。因此，细胞之间会进行一些合作，所有的细胞都愿意参与其中。这些被燃烧的细胞并不是在牺牲，也不会提前举行小小的细胞葬礼。它们不会进行哀悼，说："啊，她要杀死我们25%的同胞。"

在你身上进行的是一种集体调整。你会发现，你的细胞已经准备就绪了。在这种准备和就绪的过程中，一切都开始步入正

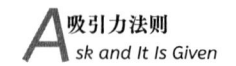

轨，在此前，即使你再努力，也无法协调好它们。你的身体知道该怎么做，它已经与这一切达成了协调一致的积极状态。

所以，在你玩积极假设的游戏时，把有关身体的其他事情交给细胞去处理，这意味着你的工作不是去管控自己的饮食，也不是去督促自己运动，更不必每天计划燃烧多少细胞。

无论你关注什么主题，在你玩积极假设游戏的过程中，一切都自然安排得妥妥帖帖。所以，在玩这个游戏时，你要相信其他一切都会步入正轨——这也是必然会发生的。

方法 13

哪种想法感觉更好

◆── **应用此方法的时机**

- 当你想有意识地觉知自己当下对某事的真实感受时。
- 当你面临抉择,并希望朝着最好的方向前进时。
- 当你想确定自己当前的情绪设定值时。
- 当你想有意识地觉知自己的情绪导航系统时。

◆── **当前情绪设定值的范围**

当你的情绪设定值处于下述两种情况之间时,这种被称为"哪种想法感觉更好"的方法对你最有价值:

(4)积极的期望/信念—(17)愤怒。

(如果你不确定自己当前的情绪设定值是什么,请回到第二十二章,浏览一下情绪导航量表上的 22 项分类。)

每个主题实际上都有两面性:渴望的状态和求而不得的状态。如果你不明白这二者是完全不同的磁场频率,那么你可能会

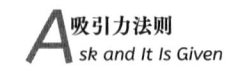

认为自己专注于渴望的状态，而事实上，你可能专注的是求而不得的状态。

有些人认为自己专注的是身体健康的主题，其实他们关注的是对生病状态的恐惧；有些人认为自己正在考虑改善自己的财务状况，而实际上他们专注的是经济窘迫的困境。

但因为主题都是金钱或健康，他们就认为，无论何时，只要他们专注于这个主题，就是在思考自己的愿望。但事实往往并非如此。人们经常会说："从记事起，我就一直渴望它，为什么这个愿望还没有实现呢？"因为他们没有意识到，每个主题其实都有两面性：渴望的状态和求而不得的状态……例如，他们以为，因为他们在谈论金钱，所以就是在谈论自己渴望的事物，而实际上，他们关注的是与愿望相反的事物。只有当你对自己的感受非常敏感时，才真正知道自己的磁场内容是什么。但经过一段时间的练习，你就会变得非常熟练，总能准确地知道自己的注意力集中在哪里。

"哪种想法感觉更好"的方法将帮助你主动识别当前想法的磁场频率。当你独自一人的时候，这个游戏最有效，因为别人无法真正知道或理解对你而言哪种想法感觉最好。通常，当你与他人互动时，你可能会感到困惑，不知道当前的某个想法是真的让你感觉更好，还是因为你认为这是别人希望你做出的选择。

在确定自己的感受时，将其他人的想法、愿望、意见和信念放到一边，这一点很重要。

· 什么时候玩这个游戏 ·

你可能会就无穷无尽的主题产生无穷无尽的想法，但是你的生命体验和生命中的对比将帮助你确定自己可能想要关注的主题。

当你所体验的某件事引起了明显的负面情绪时,这个游戏尤其有用。

只要你明白,负面情绪是抵抗的指示器,这种抵抗是阻碍你实现愿望的唯一因素,那么,你就能够决定,在这个新的主题上采取什么行为可以舍弃抵抗。

·"哪种想法感觉更好"游戏的例子·

如果你能花几分钟时间,坐下来,把自己的想法写在纸上,那么这个方法就会达到最佳的效果。久而久之,在将这个游戏掌握得更娴熟后,你就会发现,只要让这些想法在脑海中依次浮现出来,你就能取得成功,但把它们写在纸上会产生更强大的焦点,当你选择某个想法时,就更容易感受到它的走向。

首先,简要陈述你对当前主题的感受。你可以描述发生了什么,但最重要的是,你要描述自己的感受。

接下来,再写一份陈述,放大你的感受。这可以帮助你在运用此方法时更容易看到自身的进步。

例如,你刚刚和女儿吵了一架,因为她不愿意帮忙做家务。她甚至不整理自己的私人物品,把自己的房间也搞得一团糟。虽然你努力维持环境的整洁,但她似乎对此不屑一顾。她不仅不帮忙,似乎还在制造障碍。所以你写道:

她(你可以写下女儿的名字)故意给我的生活添乱。
她根本不在乎我。
她甚至没有尽到自己的责任。

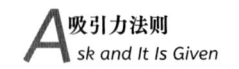

一旦你写下了当下的真实感受,接着对自己这样说:针对这个主题,我要提出一些让自己感觉更好的想法。现在,当你逐一写下想法后,评估一下,较之于最初的感觉,它是变得更好,还是没变,抑或变得更糟糕。所以你写道:

她从来不听我的话。(没变)
我希望她更有责任感。(没变)
我不应该帮她收拾东西。(没变)
我以前应该好好地管教她。(更糟糕)
我希望她的父亲更多地支持我。(更糟糕)
把家收拾干净对我来说很重要。(略微变好)
我知道她有很多想法。(更好)
我记得她十多岁时的样子。(更好)
我记得她还是个可爱小女孩时的样子。(更好)
我希望她仍然是那个可爱的小女孩。(更糟糕)
我不知道怎么处理这件事。(更糟糕)
好吧,我今天不必把这件事想明白。(更好)
她有很多讨人喜欢的地方。(更好)
我知道生活中还有比家里整洁更重要的东西。(更好)
我想要家里保持整洁,这非常合理。(更糟糕)
我希望家里变得整洁。(更好)
她现在对家里是否整洁无所谓,这也没什么问题。(更好)

记住,这里没有正确答案和错误答案之分,别人也无法真正知道哪些想法能给你带来更好的感受,哪些想法能给你带来更糟糕的感受。这个方法的价值在于，你会觉知到自己的想法带来怎样的感受，而且你会更娴熟地选择感觉更好的想法。

很多人会问："看到女儿养成了邋遢的习惯，对此感觉更好有什么用呢？我的这些想法又改变不了她的行为。"

我们想对你说的是，你的想法会改变与你有关的每个人的行为，会改变与你有关的每件事。因为你的想法完全等同于你的吸引点，你的感觉越好，你周围的所有人和事就会变得越好。当你发现自己的感受变得更好时，条件和环境也会随之改变，以适应你的感受。

这种"哪种想法感觉更好"的游戏将帮助你开始认识到自己的想法对周围一切事物的影响力。

更多关于"哪种想法感觉更好"的方法

"我会停止追求更好的事物吗？"不会。当你不再忧虑时间或金钱，相信宇宙会暗自满足你的每一个想法时，你就可以尽情释放你的想法。但是，只要你感觉受到限制，就会一直试图去掌控，不断想要控制这些制约。

你可能会说："唉，就我们目前的情况来说，确实没有钱来实现所有的愿望。我们想重新装修厨房，但又不想为此欠下大笔债务，这些都是我们要严格守住的底线。那么我们该如何处理不断涌现出来的这些想法呢？"我们问：**"你是不是要让每一个想法都必须马上显化出来？或者说，你能从每一个想法本身获得乐趣吗？"**

你能不能这样对自己说："好吧，如果现在无法让它显化出

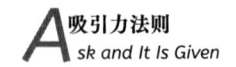

来，稍后再让它显化不也可以吗？"这样，你就可以享受这个想法的不断成长，但当你给自己制订一个有最后期限的时间表时，往往就发现时间或金钱的匮乏，这与能量相互抵牾，让你痛苦不堪。这也会让你后悔当初产生了这个想法。但这时你可以说："嗯，我们在未来的人生中还会拥有各种各样的厨房，现在，我们对目前的一切显化感到非常满意，我们也对未来怀有许多美好的蓝图！"然后，有一天，你可能会乔迁新居，震惊地发现里面已经有了你一直在幻想的所有东西。当你有足够的金钱和时间时，你的愿望就会实现。换句话说，宇宙会对你所产生的想法做出回应，让你的想法自由地流动起来。

· 这件事没有对错之分 ·

处理这一切的最好方法是：如果某个愿望让你感觉良好，那么一切都很顺利。如果某个愿望让你感到不舒服，这意味着这个愿望在你的信念面前掀起波涛，但你可以说："我们不必心急火燎地着手做这件事。我们要在未来施行这个想法。但我们也不要放弃这个想法，因为我们知道这个想法很好。虽然它没有完美地匹配我们在当下的状态，但总有一天它会成为我们的一部分。我们对目前的情况很满意。"

哪种想法感觉更好？你是要立刻就拥有，然后陷入债务的旋涡，还是说"哦，我们缓一缓，将来再说吧……"？

我们经常遇到这种情况，因为埃斯特什么都想要，而且想立刻就拥有。没有任何世间的理由能够阻止她立刻实现自己的想法，但是，我却是个谨慎小心的人。我不担心钱会花光，但是却担心自己的想法被花光。换言之，我不想太快地践行这些想法。

我想一点点地利用每一个想法，充分地从中获取一切。而埃斯特只想蜻蜓点水地一掠而过。埃斯特率先就要吃掉蛋糕的精华部分，而我则希望把最好的留到最后一口。但埃斯特担心如果留到最后，她就不想吃了，所以她要先吃掉它。

所以，我们各行其道。这里没有对错之分。我的想法永远用不完，所以，如果我愿意，其实也可以一掠而过。然后，我说："但我喜欢享受事物发展的过程；我越是密切地参与我的创造，就越能从中获得满足感。"因此，我们说：**"那么，这就是适合你的方法。对此，并没有对错之分。哪种感觉更好？哪种感觉更好？"**

哪种想法感觉更好？透支未来，还是稍微等等？**还是稍微等等吧**。哪种想法感觉更好？你是要得少为足，还是期待它在未来能实现？**还是期待在未来实现吧**。哪种想法感觉更好？因为自己的厨房不够现代化而生气，还是承认现在的厨房很完美，而且一直会改进——就像你自己也会一直成长一样？哪种想法感觉更好？

欣赏还是谴责，哪一种感觉更好？哪种感觉更好，是为你所做的一切喝彩，还是为你做得不够而感到不满？

好好想想：**哪种想法感觉更好？**

方法 14

化乱为净

❖ 应用此方法的时机

- 当你因环境杂乱而感到压力时。
- 当你觉得寻找物品花费的时间过长时。
- 当你发现自己在其他地方感觉更好,因此不想回家时。
- 当你觉得没有足够的时间去完成要做的事情时。

❖ 当前情绪设定值的范围

当你的情绪设定值处于下述两种情况之间时,这种被称为"化乱为净"的方法对你最有价值:

(4)积极的期望/信念—(17)愤怒。

(如果你不确定自己当前的情绪设定值是什么,请回到第二十二章,浏览一下情绪导航量表。)

杂乱无章的环境会导致你的吸引点杂乱无章。如果你被未完成的工作、未回复的邮件、未竣工的项目、未支付的账单、未处理的任务所包围，再加上成堆未分类的文件、散乱的杂志、目录和杂七杂八的东西——它们会对你的生活产生负面影响。

因为万事万物都有自己的磁场，而且，从磁场层面看，你与生活中的一切都会产生联系，所以你的个人物品确实会影响你的感受和吸引点。

清理杂乱的物品有两个主要障碍：首先，你可能记得自己扔掉了某个物品，但不久之后才发现自己需要用到它，这就导致你不愿意扔掉任何东西；其次，你意识到，整理物品所花费的时间会远远超过完成某个项目所需要的时间，因为每当你尝试整理物品时，都会陷入困境，最后留下一个比开始时更大的烂摊子。

化乱为净的方法避免了这些障碍，因为这个整理方法非常快捷，你也不会丢弃以后可能用得上的有价值物品。

启动这个方法：准备几个结实的带盖纸箱。（银行用的纸箱就很适用。）纸箱的大小和颜色最好相同。这样你就能将它们整齐地叠放在一起，看起来也很美观。我们的建议是：一开始你至少要准备20个纸箱，但当你发现这个方法有效后，可能会想增加更多的纸箱。另外，你还要准备一包按字母顺序排列的索引卡片和一个手持式录音机。

首先，拼装好五六个纸箱，将它们放进你想要整理的房间。然后，给每个纸箱编号：从1编到20。接着，环顾四周，专注于某个物品，然后问自己："这件物品对我当下的体验重要吗？"如果答案是肯定的，那就把它留在原处。如果答案是否定的，就把它放在其中一个纸箱里。然后依次拿起房间的其他物品，专注于每一个物品，重复以上的过程。

使用这个方法的一大好处是，现在你不需要做大量的分类工

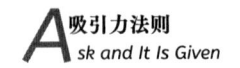

作。这确实是将杂乱物品从你的环境中清除出去的简单方法。

当你把物品放进箱子时,你可以对着录音机这样说:"未拆封的吉他弦放在 1 号纸箱。"或者说:"旧手机放在 1 号纸箱。"你只需要使用五六个纸箱,就可以对房间进行一般性整理了。换言之,所有的杂志都可以放在同一个纸箱里,衣服可以放在同一个纸箱里,小杂物放在同一个纸箱里——但你也不必为了整理而整理。你只要拿起物品,确定它是不是你当下体验所必需的,如果不是,就把它放在某个纸箱里,然后对着录音机说出该物品是什么,并说明你把它放在哪个纸箱里。稍后,你可以花一个小时左右的时间,把信息从录音机里转录到按字母顺序排列的索引卡上。换言之,你要将鲍鱼壳(abalone shell)归类到字母"A"下;将泳衣(bathing suit)归类到字母"B"下;将手机(cell phone)归类到字母"C"下……

因为你并不是在进行彻底的整理,所以这个过程会非常快。你会发现自己的心情变得越来越好,因为房间不再那么凌乱了,你也不会再像以前那样担心找不到东西,因为你已经准确地记录了所有物品的位置。

现在,在家里或车库里找一处靠墙的地方,把这些纸箱整齐地摆放在那里,并确保自己能够方便地找到任何重要的物品。如果你真的需要使用未拆封的吉他弦,根据按照字母顺序排列的索引卡片,你就能很快知道它在哪个纸箱里。

几个星期后,例如,当发现自己不再需要 3 号纸箱里的任何物品时,你就可以把它搬出家门:你可以把它放到外面的储藏室里,甚至也可以丢弃纸箱里的物品,腾出 3 号纸箱,用它来装其他可能出现的新杂物。当你继续使用这个方法时,心情就会开始放松，因为你知道自己现在已经控制了环境。

有时，人们会告诉我们，他们并不会被杂乱无章的环境所干扰，所以我们会告诉他们，这样他们就没有必要使用这个方法。然而，由于万事万物都会产生磁场，一个整洁的环境几乎会让所有人感觉更好。

◆ 更多关于"化乱为净"的方法

物质世界的生命习惯于把物品囤积在身边。你们中的大多数人都会收集物品，因为这是你建立成就感的方式，也是你打发时间的方式。换言之，你生活在一个物质世界里，对你来说，物质的显化已经变得很重要了，但你却淹没在物质显化的细节中。

大多数人总是浪费许多时间，翻找各种物品，造成这种局面的原因是他们有太多的物品需要整理，此外，囤积物品与他们内在的自由背道而驰。我们已经谈过空虚带来的悲伤感受。人们往往努力用各种物品来填补那种空虚的感受：他们不断购买更多的物品，将它们带回家，或者经常暴饮暴食。其实，他们有很多创造性的方法来填补这种空虚感。因此，我们一直在鼓励一些人：**从你的体验中摒弃一切当下不重要的事物。**

如果你能把那些你不再需要的衣服、你不使用的物品舍弃掉，清空它们，让你的体验更清晰，那么，那些与你当下本我更和谐的事物就会更容易涌入你的体验。**所有人都有一种吸引能力，当你的体验过程被你不想要的事物堵塞时，新的吸引就会变得缓慢——你最终就会感到沮丧或不堪重负。**

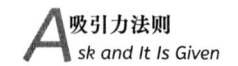

· 想象自己处在整洁的环境中 ·

我们最近总是说，随着能量运行得越来越快，我们的想法也更快地实现了——这意味着我们淹没在各种事物之中。换言之，如果我们获得各种物品的速度非常快，就会被各种各样的物品淹没。然后，我们就要处理这些物品，必须对它们进行分类、归档、阅读或丢弃——我们必须采取一些措施。

现在，最重要的是，在你的脑海中勾勒出你的生活空间。因此，想象自己身处一个非常整洁的环境——一个秩序井然的空间——想象自己知道所有物品都在哪里。想象一下，你用一种非常舒适的方式来整理这个空间。换言之，只是去想象。你在这里的目标是获得解脱的感觉。

埃斯特的脑海中时不时会浮现出她母亲的样子。在埃斯特的童年时期，她的母亲一直从事全职工作，她们家有一座非常大的庄园。偌大的草坪大部分都是她母亲在修剪，那个年代还没有乘坐式割草机——至少她们没见过，但埃斯特记得母亲总是在割草。埃斯特记得最清楚的是，草坪修剪完毕，洒水器便开始浇水，母亲就坐在门廊上，静静地看着这一切。埃斯特坐在母亲身旁，闻着刚割下的青草的味道，她从母亲身上感受到了一种难以言喻的满足感。

对埃斯特来说，修剪草坪的日子总是快乐的，因为一旦修剪完毕，看到母亲坐在那里静静地欣赏着这一切，她就会有一种满足感。同样，在工作坊的活动结束时，我们也经常有这种感觉。这种感觉好极了。我们觉得自己把工作完成得很好。一切都似乎处于和谐一致的状态。

所以，你要做的是，提前找到这种感觉。如果你找到了这种感觉，而且能量也处于和谐一致的状态，这样一来，清晰的状态、各种想法和各种帮助都会自然到来，让你的物质现实变得井然有序。

只需要一两个小时，你就能把房间里的杂物一一装进纸箱里。既然你已经逐项记录了所有物品的位置，因为它们都在你的录音机里，那么在某个晚上，当你在做某件不需要太多专注力的事情时，就可以听听你的录音，并将录音内容记录在卡片上。例如，你可以将泳衣放在1号纸箱里。这样，如果你需要泳衣，就可以找到索引卡，知道它在哪个纸箱里。

这个化乱为净的方法之所以强大，是因为你可以非常快速地完成它。运用这个方法后，你的抵抗也会减少，因为你想要的任何物品都唾手可得。换言之，你记录了每一件物品的位置。

我们注意到，只要采用了这个系统，一旦把物品放进纸箱，大多数人就很少再需要它了。因此，当你发现自己把某件物品放进纸箱一两年了，却根本不需要再用到它时，你现在可能会觉得，可以放心地把它捐给别人，或者以某种方式丢弃。与此同时，你的生活已经摆脱了混乱，因此，在这个过程中，你在生活中也不再产生抵抗。

方法 15

钱包充盈

◆— **应用此方法的时机**

- 当你想要吸引更多金钱进入你的体验时。
- 当你想改善目前对金钱的感觉,顺应更多的金钱涌入你的生活时。
- 当你想对自己的特定愿望产生无穷灵感时。
- 当你觉得生活中缺少金钱时。

◆— **当前情绪设定值的范围**

当你的情绪设定值处于下述两种情况之间时,这种被称为"钱包充盈"的方法对你最有价值:

(6)满怀希望—(16)气馁。

(如果你不确定自己当前的情绪设定值是什么,请回到第二十二章,浏览一下情绪导航量表。)

在你们的文化中,人们最热衷练习的磁场恐怕都与金钱这个主题相关，因为许多人都将金钱视为世间幸福的重要源泉。

然而，许多人并没有意识到，他们在体验中关注的并不是金钱的丰足，而是金钱的匮乏。因此，虽然他们往往能识别出自己想要的事物，但是，他们会将自己与愿望隔离开来，因为他们更习惯于注意到金钱的匮乏，而不是金钱的丰足。这又回到了一个事实，即每个主题实际上都有两面性：渴望的状态和求而不得的状态。

所有丰足的状态都自然而然地涌入你的体验，这个钱包充盈的方法将帮助你提供一种磁场，让你能接受金钱，而不是把金钱推开。

此方法的过程如下：首先，将 100 美元的纸钞放在钱包里。随身携带这个钱包，每当你看到它时，就会想起你的百元大钞就在那里。你要为自己拥有这张百元大钞而感到高兴，并经常提醒自己它给你带来的额外安全感。

在日常生活中，你要注意到自己可以用这 100 美元购买的许多物品：当你路过一家不错的餐厅时，你知道，如果你愿意，就可以停下来吃一顿可口的饭菜；当你在百货商店看到某件物品时，提醒自己，如果你真的想买，就可以买下它，因为你的钱包里有 100 美元。

你拥有这张百元钞票，但不马上花掉，每次想到它时，你都能受益，感受到它的磁场。换言之，如果你知道自己拥有 100 美元，在你第一次想起它的时候就花掉，你只能受益一次，一次性地感受到自己财务状况的良好状态。但是，如果在日常生活中，你能在二三十个场合想象自己花掉那 100 美元，就能享受到花费两三千美元的磁场优势。

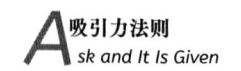

每当你意识到自己有能力用钱包里的钱购买这个或那个物品的时候，就会一次又一次地提升自己的财务幸福感，这样你的吸引点就会开始转移。

你看，你并不一定需要真正变得富足，才能吸引富足，但你必须拥有富足的感觉。更明确的说法是，**任何匮乏的感觉都会产生抵抗，使你无法实现富足。**

因此，通过一次又一次在想象中花掉这笔钱，你就会产生幸福、安全、富足和财务安全的磁场，而宇宙也会回应你产生的磁场，将其与显化出来的富足进行匹配。

一旦你获得了财务富足的美妙感觉，看似神奇的事情就会开始发生：你现在似乎开始赚更多的钱。各种意外之财会不断增加，出现在你的体验中：你的表现打动了雇主，他会给你加薪；你想购买的某些产品开始打折；你不认识的人甚至都开始给你钱。你会发现，你以前渴望的事物，以前打算花钱购买的物品——现在，即使不花钱，也会出现在你面前。你将有机会"赚取"所有你认为可能的财富……慢慢地，你感觉好像打开了一扇财富的闸门，你会发现自己以前没想到的财富一下子涌现出来。

"我可以拥有这个，也可以拥有那个。我有能力购买它……"

而且，因为你确实有办法做到这一点，你并不是虚张声势，所以，你富足的经济之流不断流淌，怀疑或不确信的感觉不会再阻碍你。

这是一个简单而强大的方法，它将改善你的财务吸引力。随着你财务状况的改善，你的储蓄可能会从 100 美元增加到 1000 美元，然后增加到 10000 美元，接着是 10 万美元，甚至更多。虽然宇宙为你带来的财富是无限的，但你必须对金钱感觉良好，它才能进入你的体验。

你必须对巨大的富足产生良好的感觉，才会顺应这种富足带来的愉快感觉，让它流入你的体验。

◆ 更多关于"钱包充盈"的方法

记住，你正处于这种平衡的跷跷板上，所以你不必排斥所有关于匮乏的想法，因为它们会悄悄出现，带来的影响一直萦绕着你。你所要做的是，主动地生起一些想法，让能量向丰足的一边倾斜；更主动地去想，更频繁地主动使用非物质能量，以实现你想要的富足。因此，当你在日常生活中注意到你用 100 美元可以购买哪些物品的时候，就是在主动地使用非物质能量来增强你的富足感。

有人曾说："你们很明显不了解物质世界的情况，因为 100 美元也买不了什么东西。"我们告诉他说：**"你没抓住重点。每次花掉 100 美元，如果你消费 1000 次，就相当于消费了 10 万美元。你看，这无疑会提升你的富足感。你的感受才是你的吸引力所在。"**

有人对我们说："其实，我还没有在钱包里放 100 美元。不过我放了一张欠条在里面。"我们说：**"那你一定不要去相信你的欠条，因为它并不会促进富足的感觉。对你而言，欠条就像是你背负的另一笔债务。"**

这个"钱包充盈"的方法可以让你主动关注那些产生良好感觉的事物。

方法 16

转变关注

◆ 应用此方法的时机

- 当你刚刚说了某句话，但你觉察到这与你要吸引的体验恰恰相反时。
- 当你想确立一个更好的吸引点时。
- 当你感觉相当好，但你知道可以进一步提升，也愿意在当下花时间提升时。

◆ 当前情绪设定值的范围

当你的情绪设定值处于下述两种情况之间时，这种被称为"转变关注"的方法对你最有价值：

（8）无聊—（17）愤怒。

（如果你不确定自己当前的情绪设定值是什么，请回到第二十二章，浏览一下情绪导航量表上的 22 项分类。）

你有可能不知不觉地专注于与真实愿望相反的磁场。这就像一根木棒的两端。当你拿起一根木棒时，你同时拿起了两端。这个转变关注的方法将帮助你更清楚地觉知到，你目前激活的是木棒的哪一端：是你想要的那一端，还是你不想要的那一端？

时空现实中的对比非常有用，因为对比能帮助你集中想法：每当你知道自己不想要什么时，也会更清楚地知道自己想要什么；每当你知道自己想要什么时，也会更清楚地知道自己不想要什么。因此，暴露在对比之下会让你更加专注，并产生全新的偏好和愿望。事实上，这种宝贵的对比确保了一切万有的永恒扩展。

通常，转变关注的方法是开始改变磁场习惯的第一步，因为这个方法能帮助你更清晰地定义愿望。但是，由于木棒两端的磁场往往有很大的差异，所以通常你并不能通过表达某个愿望来立即改变自己的磁场。

例如，当你生病时，你很清楚地知道自己想要获得康复。或者，当你手头紧张时，你很清楚地知道自己想要更多的钱。现在，把你的注意力转移到真正想要的事物上，通过关注你的愿望，你就会开始在那里散发磁场。

一开始，你会觉知到自己不想要什么，这会帮助你确定你想要的事物；换言之，当你说出你的愿望时，你的磁场可能无法配合你，但是如果你一直使用转变关注的方法，也就是说，每当你感受到负面情绪时，通过这种情绪让你知道自己正在关注不想要的事物，你就能停下来说："我知道我不想要什么，那么我想要的到底是什么呢？"渐渐地，你会重新调整你的磁场，最终，改善后的磁场会成为你的主导性思想。

你要把转变关注的方法视作吸引点逐渐转移的过程，并享受

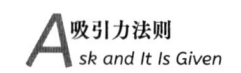

随之而来的积极结果。如果你持续关注自己想要的事物，就一定能够接收它，因为吸引力法则保证，只要你总是关注某个事物，它就会流入你的体验。

◆ 更多关于"转变关注"的方法

你要记住的最重要的事情是，你是自身体验的吸引者，你的体验是由你的想法吸引来的。想法是具有磁性的，当你产生一个想法时，它就会吸引另一个想法，然后再吸引其他的想法，直到最终，你的思想所产生的磁场本质就会以物质的方式显化出来。

如果你曾经体验过（我们知道你一定体验过）那种你认为负面的情绪（你可以把它描述为恐惧、怀疑、沮丧或孤独——你可以用很多方式来描述它），你在负面情绪中的体验是一种思想，这种思想的磁场频率与你内在生命的磁场频率不一致。

你会发现，通过种种生命体验——无论是物质的还是非物质的——你的内在生命（或者说是本我）已经形成了一种认知状态，也达到了一种渴求的状态。因此，在这具肉身中，当你主动关注与内在生命认知不一致的想法时，你的内心就会感受到负面情绪。

如果你坐在自己的脚上，阻止血液循环，或者在脖子上绑上止血带，限制氧气的流动，你就会立即看到这种受到限制的证据。同样，当你产生与自身更大认知不和谐的想法时，生命力量的流动就会被扼杀或受到限制，**而生命力量就是从你内在生命进入你身体器官的能量**。结果，你就会体验到负面情绪。如果你顺应这种情况，长期持续下去，你的身体器官就会受到负面影响。

这就是为什么我们说所有的疾病都是顺应负面情绪的结果。

当你明白，负面能量的感受是一个指示器，反映你与更大认知的不和谐状态时，许多人在内心其实想说：我想在更多的时候感觉良好。我们说，这是一种伟大的认知，因为当你说"我想感觉良好"时，你真正在说的是：我想处于一种充满积极吸引力的状态，或者说，我想生起一些让自己感觉良好的想法，使其与我的更大的觉知保持和谐。

· 从"不想要的"转向"想要的"·

如果不是处在一个充满负面影响的环境中，许多人就不会这样难以获得良好的感觉——从进入这具肉身的那天起就是如此。但是，既然你生活的维度受到各种思想的影响，通过一些方法来帮助你从不想要的状态转变到你想要的状态，对你来说就是很有价值的，而转变关注正是这样一种方法。

在感受到负面情绪时，你就能很好地确定自己想要什么。因为当体验到不想要的事物时，你才能更清楚地知道自己想要的事物是什么。因此，如果在那一刻，你停下来，说："这件事很重要，否则我不会感受到这种负面情绪；我需要关注我想要的事物。"然后，你就把注意力转移到你想要的事物上——在你转移注意力的那一刻，负面情绪和负面吸引力就会停止。当负面吸引力停止的时候，正面吸引力就会开始。你的感觉也会从糟糕变成良好。**这就是"转变关注"的过程。**

你不会永远处于纯粹的积极情绪状态，也不会永远处于纯粹的积极能量状态，因为在你想要的一切事物中，都有一个自动的、自然的平衡面，那就是一种求而不得的状态。因此，你的工

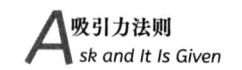

作就是确定你想要的是什么，然后以一种非常主动的方式，让你的思想朝着愿望的方向发展。而你的内在生命会提供情绪导航，让你感受到消极或积极的情绪，这将帮助你知道自己站在等式的哪一边：你在思考的是愿望实现的状态，还是求而不得的状态？

一位年轻的父亲打电话说："我的儿子尿床了，他已经长大了，不能再尿床了。我已经想尽了办法，但还是束手无策。我不知道该怎么办。"我们说："你描述一下早晨进卧室的时候发生了什么。"他说："我刚进卧室，就知道又发生了什么。我能从房间里的气味判断出来。"我们问："你当时是什么感受？"他说："我感到失望，接着是愤怒，然后是沮丧，因为他一直尿床，我不知道如何是好。"

我们说："啊哈，是你自己在让尿床的事情一直延续。"他问道："我该怎么办？"我们问："你对儿子说了什么？"他说："我让他脱掉尿湿的衣服，到浴缸里去。我告诉他，他已经长大了，不能再这样了。我此前也跟他讲过这件事。"我们说："当你进入卧室，发现你不想要的事情再次发生时，你会感受到负面情绪，这时，停下来问问自己，你真正想要什么，并专注于这个想法，再去了解儿子的事情，这样你就会发现这件事情会有所改善。"

于是，我们问这位父亲，这种体验让他认识到自己想要什么。他说："我希望儿子醒来时快乐、干爽，为自己感到自豪，而不是感到尴尬。"我们说："好。当你产生这种想法时，从你身上散发的东西就会与你想要的东西和谐一致，而不是背道而驰。你也会更积极、更有力地影响到儿子。然后，你自然就会说：'哦，这是成长的一部分。我们所有人都曾尿床。你很快就会长大。现在，脱掉尿湿的衣服，到浴缸里去。'"之后没过几个星期，这位年轻的父亲就打来电话，说他儿子已经不尿床了。

你看，事情真的就是这么简单。当你感觉糟糕的时候，就会吸引一些让你不高兴的事情，而这往往是因为你专注于求而不得的状态。因此，转变关注的方法就是一个有意识的决定，确定你真正想要的是什么。我们并不想暗示感受到消极情绪是件坏事，因为很多时候，在消极情绪的感受中，你会警觉地发现，自己正处于负面吸引的过程。因此，消极情绪就像一个警钟，是你导航系统的一部分。

我们强烈建议你，当你意识到负面情绪时，不要自责。但一旦意识到负面情绪，你就要停下来说："我感觉到了一些负面情绪，这说明我正在吸引自己不想要的事物。我真正想要的是什么呢？"

这个转变关注的方法会简明扼要地说：我想要好心情。当你感觉糟糕时，停下来说：我想要的是感觉良好。如果能做到这一点，那么，你就会开始产生积极的想法。当一个想法吸引另一个想法，不断这样吸引的时候，你很快就会散发一种磁场，与你的更大认知和谐一致。到那时，你将真正开始积极的创造。

· 彼此相连的想法，绵延不断 ·

我们提供一个强有力的类比，来说明你的想法是如何彼此相连的。有一艘驶入码头的大船，人们用绳子将这艘船系起来，绳子非常粗，直径几乎有一英尺[①]，但因为绳子太大太笨重，人们无法将其扔过广阔的水面。因此，人们想到的办法是，将一小团线绳作为牵引，把它与更粗的绳子铰接起来，再将第二根绳子与更

---

① 1英尺约等于0.3米。——编者注

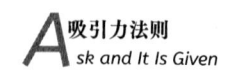

粗的绳子铰接起来，这样不断递增。直到最后，那根粗大的绳子被轻松地拉过广阔的水面。这就是你的一系列想法一个接一个、相互连接的方式。

在某些主题上，由于你拖拽消极绳索的时间较长，很容易就会被那个消极的切点所吸引。仅仅是从某个地方听到一句话，回忆起一些事情，或者受到一些暗示，你就可能会立刻陷入消极的旋涡。因此，有时你很难抛弃那根消极的绳子，因为你已经紧紧抓住它很久了。但如果你感受到负面情绪时，能意识到自己正在吸引负面的事物，你让自己的主导意图变成"让自己感觉良好"，那么你就会发现，自己能很容易地放开那根绳子。

因此，"转变关注"和"积极面之书"这两个方法都是为了帮助你（在早期的轻微阶段）认识到，你正在拉扯负面线团的线头，这样你就可以及时松开它，拿取积极的线绳。

在讨论一系列想法彼此连接的方式时，我们想指出一些你可能忽略的东西：**你要从一个让你感觉良好的小想法，连接到更多让你感觉良好的想法，不断延伸开来，这样就会更容易，而不要急于从感觉糟糕的状态切换到感觉良好的状态。**

· 不要试图拯救世界，要拯救你自己 ·

由于思想具有巨大的吸引力，这意味着它们会吸引更多的思想，一旦你产生了一个让你感觉不好的想法，就会更容易关注这个想法，最后你就不断积累大量的负面能量，而并没有转移注意力。

出于这个原因，我们鼓励你采用我们提供的这种转变关注的练习，这是一个非常棒的练习。换言之，与其在日常生活中对自己想要的事物无动于衷，让一些你不喜欢的想法影响你，最后导致负面反应，才决定转变关注，不如带着寻找积极面的决心去开启一天的生活，对你来说，这样会更有成效。

不要试图拯救世界，要拯救你自己。这意味着你需要专注于让自己感觉良好的事情。转变关注的方法就是让你实现愿望的工具。在这个过程中，你会有意识地决定：是的，我要寻找我想要的事物，我不再转向匮乏的方向。

转变关注是一个小时又一个小时持续累积的过程，在这个过程中，你选择积极的一面。这是让你感觉良好的方法，也是让你实现所有愿望的方法。

方法 17

聚焦之轮

◆ 应用此方法的时机

- 当你意识到自己对当前磁场的吸引点不满意时。
- 当你觉知到对某件重要的事情产生了负面情绪，而你想用正面情绪替代时。
- 当某件让你不开心的事刚刚发生，你想及时产生想法改变吸引点，让它不再发生时。
- 当你想获得一种解脱的感觉时。

◆ 当前情绪设定值的范围

当你的情绪设定值处于下述两种情况之间时，这种被称为"聚焦之轮"的方法对你最有价值：

（8）无聊—（17）愤怒。

（如果你不确定自己当前的情绪设定值是什么，请回到第二十二章，浏览一下情绪导航量表上的22项分类。）

在生命体验的积累过程中，人们往往会形成一些信念，这些信念使他们形成一种磁场模式，无法顺应他们去接收想要的事物。即使这些信念对他们不利，许多人仍然不断回想起那些令人不快的事实，为自己辩护说："毕竟，它们是事实。"

我们想提醒你的是，任何事物之所以会显化为物质的、具体的、可定义的事实，唯一的原因就是有人给予它足够的关注，从而使其变成事实。但是，这仅仅是某个人成功地创造了自己的事实，并不意味着这个事实与你或你将要创造的事物有任何关系。

在试图记录当前时代的事实和事件的过程中，你往往会不知不觉地让自己处于一种磁场模式，这种磁场模式让你确信，你将用自己的生命体验来证实"真相"，证实你正观察到的某些事实。这并不是说你见证到的是不可否认的真相，而是因为在关注它的过程中，你的磁场与它达到了和谐，所以吸引力法则给你带来了与之匹配的体验。

有时，一些人会对我们说："但是我不能忽视它是事实！"我们会说：**"它之所以是事实，是因为有人关注它，让它变成了事实。"** 你看，你在这里实际上是说："因为有人已经关注到它，因此，通过吸引力法则，邀请它进入了自己的体验，我想我也应该这样做。换言之，即使我不想它，我也有义务在自己的现实中创造它，因为别人就是这样做的。"

有很多事情是真实的，也是你渴望得到的，也有很多事情是真实的，但你并不想要。我们鼓励你去关注自己渴望的事物，并让这些美好的事物成为你生命体验中的事实。

然而，大多数人并不会主动引导自己的想法去关注那些感觉良好的事物，因此，他们不知不觉地形成了自己的思维模式，并

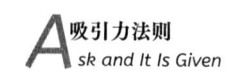

不断重复这种模式。

当然，有些思维模式对你非常有益，而有些则是有害的。因此，我们设计这个聚焦之轮的方法，就是为了帮助你改变在某些特定主题上对你无益的磁场模式。运用这个方法，你可以将自己的想法转化为更好的感受，再转化为更好的吸引点。

我们建议，对已经发生的某件事，当你产生强烈的负面情绪时，或者当你希望提升自己清晰的感受时，就应该花上15分钟或20分钟来练习这个方法。

强烈的负面情绪生起的同时，也给你提供了一个很好的机会，让你能够将能量转移到某个主题上，因为你正在体验到的某件事已经把能量集中到一个特别的位置。因此，现在，当运用聚焦之轮的方法时，你就能更明显地感受到自己取得的任何进步。我们建议，当你敏锐地意识到自己不想要的事物时，随时都可以使用聚焦之轮的方法。

使用此方法时，你要做出符合自己愿望的概括性陈述。换言之，你要去寻找匹配。你怎么知道自己找到了匹配呢？匹配会让你产生解脱的感觉。换言之，这个陈述让你感到舒服，让你感觉更好一些。在你找到匹配后，如果你能稍微对它集中一下注意力，甚至放大或夸大这种匹配，或记住与之相关的一些事物……也就是说，在找到了那个温柔的抚慰性陈述后，如果你能在那里停留至少17秒，就可以让另一个想法加入进来……从而为你新建立的信念提供动力。

· "聚焦之轮"方法的例子 ·

下面介绍使用"聚焦之轮"的方法：在纸上画一个大圆，然后在大圆的中心画一个直径约两英寸的小圆。坐下来，看着小圆，让双眼聚焦在上面。

现在，闭上眼睛，持续片刻，并把注意力转移到已经发生的、在你内心产生负面情绪的事情上。确定你不想要的到底是什么。

此时，对自己说："好，我清楚地知道我不想要什么。我真正想要的是什么呢？"

如果你尝试根据自己的感受来确定自己想要和不想要什么，这会很有帮助。例如：

我觉得自己胖，我希望感受到苗条。
我觉得自己很贫穷，我希望感受到富裕。
我觉得没人爱我，我希望感受到被爱。
我觉得被人欺骗，我希望感受到被尊重。
我觉得身体不好，我希望感受到健康。
我觉得无能为力，我希望感受到自身的力量。

接下来，试着在大圆的外围写下与你愿望匹配的陈述。当你找到这个与愿望足够接近并匹配的陈述时，就会知道它是什么。换言之，你会感觉到这些陈述是否匹配：它是将你从"聚焦之轮"上甩掉，让你陷入困境，还是与你的愿望足够接近并且管用？

"聚焦之轮"的方法之所以如此有效，是因为你所写的陈述都是你主动选择的。它们是你已经相信的一般性陈述，与你的愿望相匹配。这个方法之所以有效，是因为吸引力法则非常强大，只要你将某个想法坚持17秒钟，另一个类似的想法就会加入；当

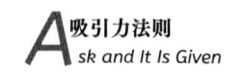

这两个想法结合在一起时，就会发生燃烧反应，使你的想法得到增强。

当你做出一般性陈述时，你的想法可能比做出具体陈述更加纯粹，所以聚焦之轮的力量在于，当你做出的一般性陈述是自己相信的，并且将之保持17秒左右的时候，它就让你能够散发出一种纯粹的磁场，越来越符合你的愿望。

所以，假设你正准备应用这个方法，你知道你最终想写下的陈述是"我对自己的身体感觉良好"或者"我的膝盖很好"。但如果你这样开始，第一次尝试写下"我对自己的身体感觉良好"的句子时，你从自己的感受知道你的能量并不顺畅，因为所有的能量运行只是让你感到愤怒，让你的觉知受到压迫，让你觉得自己确实变胖了，或者你的膝盖确实很疼。所以这种陈述太具体了。

换句话说，这有点像试图跳上一辆飞奔的火车，你只会迅速从火车上弹开。你能想象一下，坐上速度太快的旋转木马是什么感受吗？你无法立即完全适应，但如果它的速度慢下来，你就可以适应它——然后再去慢慢加速，这样一来，你就可以舒服地坐在上面。你要做的就是让"聚焦之轮"慢下来，让信念的改变速度慢下来，这样你就能安然地坐着。一旦你觉得舒服了，就可以提升磁场的速度了。

现在，通过反复试错，你可以选择另一个陈述。你可以这样说："我知道我的身体会对我的想法做出反应。"嗯，这是一个比较温和的陈述，而且你也相信这一点，但这让你对自己有点恼火。所以这也不是一个很好的开启方式。接着，你寻找其他的陈述，你可以说："在大部分情况下，我的身体还不错。"当然，你当前也相信这种说法。这句陈述让你感觉还不错。你能够坐在旋转木马上。

当你把这句话写在圆圈的外围，并专注于它时，你的感觉就会很好。接着，你再做出一个陈述。你可以这样说："我相信宇宙与我们的磁场相匹配。"你绝对相信这一点，所以这句陈述管用。然后，你做出的陈述是："对我来说，这具肉身很好。"你相信这一点，并能维持这句陈述。你的感觉开始变得更好。你开始感到有些放松。你对自己也没有那么恼火，你的磁场在不断提升。

因此，让我们继续为"聚焦之轮"的方法增添力量：当你找到让自己感觉良好的想法时，继续把它们写在大圆的周围。从12点钟的位置开始写，然后是1点、2点的位置，直到你写下12个感觉不错的想法。

因为有时候，你的想法已经在飞速旋转，即使你想改变它们，也找不到跳进去的地方，所以这个"聚焦之轮"的游戏就是要找到一个与你当前状态足够接近的想法，这样你就不会陷入困境，而是可以逐渐朝着你想要的感觉前进。这个方法是很好的磁场连接工具。

例如，假设你觉得自己很胖。你将过去的一些体验带到了自己的脑海中，此时此刻，你对这些体验产生了强烈的负面情绪。那你就拿出一张纸，在纸的中央画一个圆，你可以在圆内写下这样的话：我想感受到苗条。

现在，专注于当前的主题，试着找到与你想要的感觉相匹配的想法，当你专注于这些想法时，你会感觉良好。试着找到一个不会让你陷入困境的想法。

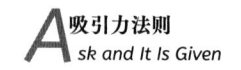

我又可以变苗条了。

（这个想法与你的真实信念相差太远，虽然你希望相信它，但你其实无法相信，而你可以感受到自己实际上并不苗条。因为这种想法并没有让你的感觉变好，所以这个陈述会让你陷入困境。）

我的姐妹们都很苗条漂亮。

（这种想法也不能让你的感觉变好。因为她们的成功让你更明显地意识到自己的不足。这种想法也会让你陷入困境。）

我会找到对我有效的方法。

（虽然这种想法比前几种好一点，但也无法让你的感觉变好。你已经尝试了很多方法，但你觉得自己还没有找到适合自己的方法，所以这个想法只是向你展示过去的失败。这种想法也会让你陷入困境。）

我知道其他一些人也经历过我现在的处境，她们已经找到了适合自己的方法。

（产生这种想法的时候，你可能会有一种解脱感。你的确感觉更好一点。记住，你在这里并不是要寻找一个万能的解决方案。你只是在寻找一种让你感觉足够好并且管用的想法。这种想法不会让你陷入困境。所以，把这句陈述写在纸上，放在12点的位置，再去寻找更多让你感觉良好的想法。）

我今天不必完成所有事情。（这个想法也管用，将它写在1

点的位置。）

我会找到一种有效的节食方法。（这个想法让你陷入困境。）

这身衣服让我感觉不舒服。（这个想法让你陷入困境。）

买几件新衣服会很有趣。（这个想法管用，写在 2 点的位置。）

我的身体会感觉更精神。（管用，写在 3 点的位置。）

我会感觉更有活力。（管用，写在 4 点的位置。）

我将产生新的想法。（写在 5 点的位置，你现在渐入佳境了。）

我已经知道一些能够奏效的方法了。（是的，感觉好多了，写在 6 点的位置。）

我喜欢掌控自己的体验。（管用，写在 7 点的位置。）

我期待着做出这样的改变。（管用，写在 8 点的位置。）

我喜欢感觉良好的状态。（管用，写在 9 点的位置。）

我喜欢自己的身体拥有良好的感觉。（管用，写在 10 点的位置。）

我对自己的身体感觉良好。（写在 11 点的位置。）

（好！现在，当你在 11 点的位置上写下这句话后，在"聚焦之轮"的中心圈出你最初写下的话，注意，你现在确实感觉到，从磁场层面上，你与这个想法更一致了，而就在几分钟前，你还远远没有接近这个磁场。）

◆ 更多关于"聚焦之轮"的方法

你可能听我们说过，你的力量点就在当下，因为虽然你可能在思考过去、现在，也可能在思考未来，但是，你的这些思考都

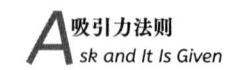

是在当下进行的。你当下正在散发磁场，你当下正在进行脉动。你的磁场是在当下散发的。因此，在召唤生命力量和顺应它流经你（召唤和顺应）之间的任何创造性张力都发生在当下。

因此，在接下来的几天里，我们希望你重点关注这个词。你当下就站在这个全新的位置。我们喜欢你当下所在位置带来的新鲜感。现在，我们要告诉你如何站在这个全新的位置，将全新的能量与全新的愿望结合起来，轻松地产生全新的结果。

我们发现，"聚焦之轮"是最好的工具，它可以帮助你架设一座信念之桥，使之与你的愿望相匹配。我们的意思是，创造任何事物（甚至是心情愉悦地准备报税）的公式是：**确定愿望，然后产生对应的磁场与之匹配。**

· "聚焦之轮"方法的另一个例子 ·

所以，从试着找到一个能让你乘坐"聚焦之轮"的短语开始吧。写一些与你的信念足够接近的短语，这样你就不会陷入困境了。换句话说，如果你写的是"我很喜欢报税"，那你就陷入了困境。如果你写"我只是认为，政府拿着我的钱挥霍无度是件美妙的事"，那你也就陷入了困境。因此，我们的目标是找到与你的愿望相匹配并让你感觉更好的事情。所以，你可以这样写："我喜欢掌控自己的生活。履行承诺的感觉很好。我喜欢及时完成各种事情。在生活中，我喜欢有条不紊的感觉。"

你可能会意识到这是一句过于强烈的陈述。你可以通过自己的感受来判断是否保留它。所以你要不断试错，不断去尝试。然后，你可能会说："我想，很多人都有与我相同的感受，他们已经能够很好地处理这件事。"这样你就安然地坐在"聚焦之轮"

上了！"虽然国税局的征税系统并不完美，但这是政府的运作机制。"现在，你是陷入了困境，还是已经安然坐在"聚焦之轮"上了？"在报税这件事上，每年我都在进步，越来越得心应手了。我会想办法让自己的感觉更舒适。报税工作是很好的激励机制，可以帮助我有条不紊地处理事情。"

·感觉越好，结果越好·

现在，我们想告诉你的是：我们并没有解决任何问题。换言之，其实一切都没有改变。你仍然需要报税，但我们最希望告诉你的是，你现在的状态与此前不同了。换言之，你的内心比以前更清晰。较之于以前，你的记忆力更敏锐。你会比以前更容易想起自己把东西放在什么地方。也就是说，在日常生活中，你散落在纸堆、纸箱、文件夹和钱包里的琐碎物品——所有那些散落在各处的信息碎片——都会在你的脑海中汇聚。也就是说，你的内心将开始以一种连贯的方式滋养你；从某种意义上说，在你花时间将能量与愿望保持一致之前，这种情况从未发生过。

无论是一座城堡还是一个纽扣，只要你关注它，它就开始召唤生命力量，而生命的意义就是对生命力量的感受。你召唤它的原因并不重要。也就是说，在准备报税的时候，你就像在计划乘坐远洋邮轮旅行一样，一点一滴都会给你带来快乐。

现在你可能还不相信这一点，那是因为你没有顺应能量，没有让它在你体内自由无碍地流向你关注的对象。因为想完成自己必须完成的事情，所以你召唤能量，但你却让能量偏离了方向，因为你的习惯性陈述无法让能量自由流动。当能量流经你体内但遇到阻碍时，就会对你反戈一击。而现在，针对某个特定主题，

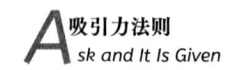

由于"聚焦之轮"的方法能让你比平时更长时间地专注，同时你也会主动去寻找感觉良好的想法，你的吸引点确实会发生变化。

在日常生活中，在面对各种主题时，通过应用这个简单而强大的"聚焦之轮"的方法，你就可以有效地提升自己对所有重要事物的吸引点。

方法 18

寻找感受点

◆— 应用此方法的时机

- 当你想要改善某个际遇时。
- 当你想要获得更多金钱时。
- 当你想要拥有一份更好的工作时。
- 当你想要拥有一段更幸福的关系时。
- 当你想要获得更好的身体感受时。

◆— 当前情绪设定值的范围

当你的情绪设定值处于下述两种情况之间时,这种被称为"寻找感受点"的方法对你最有价值:

(9)悲观—(17)愤怒。

(如果你不确定自己当前的情绪设定值是什么,请回到第二十二章,浏览一下情绪导航量表上的 22 项分类。)

因为一般来说,你会更多地关注当下生活的方方面面,可以

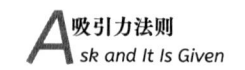

说，较之于你渴望或者想象中的体验，当下的实际体验对你的磁场影响更大。换言之，你现在体重超标很多，你渴望变苗条，那么，你当下实际体验的重要性很可能超过了你通过观想散发的磁场。

人们经常会说："这种状态让我不开心，我希望处于那种状态。"但是，当你问他们渴望的"那种状态"是什么时，他们往往也只能向你解释"那种状态"有什么不好。尽管他们会说"我想处于那种状态"或"我渴望那样的事物"，但他们的磁场更多的是关于当下的状态，而不是他们渴望的状态。

就像我们之前提到的"油量表"的例子一样，如果你在仪表盘上贴一张"快乐脸"贴纸，以此遮盖油箱已空的指示器，也是毫无益处的。同样地，如果你不开心，言语上表现得很开心也是无益的。吸引力法则并不是对你的言语做出反应，而是对你身上散发的磁场做出反应。你完全可以一边使用看起来感觉良好的词语，一边处于强烈抵抗自身幸福的状态，因为你使用什么词汇并不重要——你的感受才是最重要的。

这个"寻找感受点"的方法非常有帮助，它能确保你散发的磁场为你服务，因为它能帮助你认识到你实际上正在吸引什么。在使用这个方法时，你要利用想象力，假装自己的愿望已经实现，你当下就在享受这个愿望的诸多细节。

当你沉浸于愿望中的感受，并专注于这种感受时，就不会同时感受到求而不得的状态，因此，通过练习，你可以调整你的量表，可以说，即使你的愿望还没有真正显化出来，但你散发出一种磁场，就好像它已经显化出来了——这样，你的愿望就必然会实现。

同样，当你散发磁场的时候，宇宙并不知道是因为你实现了自己的愿望，还是因为你想象自己正在实现自己的愿望。不管是哪种情况，宇宙都会回应你的磁场——显化必然会随之到来。

例如，你走到邮箱前，发现自己还有一张未付的账单，这已经是第二次通知了，当你打开信封时，你感到非常不舒服，因为当前你并不知道如何才能付清欠款。这张账单已经逾期，而且还有其他几张账单也逾期了，所以你感到不知所措，非常沮丧。你说："我想获得更多的金钱。"你也可能用更强烈的语气说："我想暴富。"但你说的这些都是空洞的辞藻——对你的吸引点不会产生任何影响——因为你说的话并不是你的吸引点。你的吸引点是你的习惯性磁场，而你的感受才是吸引点的真正指示器。当前，你的情绪匹配的显然是对金钱求而不得的状态。

通过这个方法，你的目标是创造出一些图像，能让你散发出顺应金钱的磁场。你的目标是创造出让你感觉良好的图像。你的目标是寻找感受点，找到拥有足够多金钱的感觉，而不是关注金钱匮乏的感觉。

现在，你可以回忆一下手头宽裕的那些时光，或者即使你手头不够宽裕，但至少也没什么压力，不会收到太多的账单。当你想起那些日子的时候，尽量多回忆一些细节，以便让自己产生更多良好的感受。

你可以假装自己的钱多得用不完，假装自己的钱多得不知道放在哪里，想象自己拥有成吨成吨的钞票，你将它们放在储藏室和床底下。想象自己拿着一箱箱的零钱去银行兑换百元大钞。想象自己拿着5美元、10美元和20美元的钞票，把它们兑换成100美元的钞票，这样你就能更方便地存储。

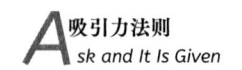

你可以假装自己有一张不限额度的信用卡，这是一张神奇的卡，因为它非常便捷，你每天都要多次使用，然后，每个月你随手写一张支票，支付产生的一切费用。你可以假装自己的银行存款非常多，对你来说，每个月用信用卡支付各种账单是一件微不足道的事情。

这种寻找感受点的游戏玩得越多，你就会对它越娴熟，也会觉得越来越有趣。当你这样去假装，或有选择性地回忆时，就能激活全新的磁场——你的吸引点也会发生改变。当你的吸引点发生改变时，你生活的方方面面就会变得更好，因为你已经找到了全新的感受点。

方法 19

释放抵抗，摆脱债务

◆ 应用此方法的时机

- 当你想体验摆脱债务带来的轻松感受时。
- 当你想让自己的收入远远多于支出时。
- 当你想对金钱产生更好的感受时。
- 当你想在自己的体验中增加金钱的流量时。

◆ 当前情绪设定值的范围

当你的情绪设定值处于下述两种情况之间时，这种被称为"释放抵抗，摆脱债务"的方法对你最有价值：

（10）沮丧／烦躁／不耐烦—（22）恐惧／悲伤／抑郁／绝望／无力。

（如果你不确定自己当前的情绪设定值是什么，请回到第二十二章，浏览一下情绪导航量表上的22项分类。）

要运用"释放抵抗，摆脱债务"的方法，请先准备一张分

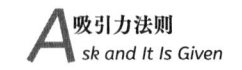

列式明细记账本，上面的列数要与你每月支出项数相同。现在，从最左边一列开始，写下每月最大支出项目的名称。例如，如果你每月支付的最大一笔支票是房屋支付款，那么你就把项目名称写成"房屋支付款"；然后，在项目名称下的一行（第二行），写上房屋支付款的金额；接着，圈出该金额，它代表你每月应该支付的金额；最后，在第三行输入此"房屋支付款"的剩余债务总额。

接下来，在第二列输入你的第二大支出项目名称，在第三列输入你的第三大支出项目名称，以此类推。然后，在你的记账本顶部写下以下肯定性陈述：我的愿望是，履行自己对这些财务义务的承诺，在某些情况下，我甚至会按照双倍金额进行支付。

每次收到账单时，拿出你的记账本，如有必要，针对每一个项目，调整每月应付的最低支付金额。如果没有调整，就按照账单上的数额支付。

当你第一次收到账单时，或者当你要为记账本最右一列的项目（每月最小支付项目）支出时，按所需支付金额的两倍写支票。写完支票后，请填写剩余的未支付金额。

刚开始玩这个游戏时，你可能会觉得有点奇怪，但是，即使你没有足够的钱来支付所有项目的欠款，也要将最右一列的项目按照两倍金额支付。你会感到很开心，因为你履行了对自己的全新承诺，尽最大努力偿还你所有的欠款，在某些情况下，你甚至双倍偿还了某些欠款项目。

因为你是以一种全新的方式来看待自己的财务状况的，所以你的磁场会马上开始改变。当你因为遵守承诺而感到哪怕一丝自豪时，你的磁场也会随之改变。当你兑现双倍还款的承诺时，你的磁场也会发生改变。有了这样的改变（哪怕是微小的改变），你的财务状况也会开始发生变化。

如果你肯花时间把所有的债务都记在分列式记账本上，你就能集中起全新的注意力，并开始积极地激活以金钱为主题的环境。当你在邮箱里发现另一份账单时，就不再感到沮丧，而是迫不及待地把账单填写到记账本上。随着你的态度和磁场发生这样的转变，你的财务状况将开始发生变化。

意想不到的财运就会出现在你的体验中。你将发现你想要的东西变得更便宜了，你能用相同的金额购买更多的东西。各种不同寻常的财运接踵而至，当这一切发生时，你要有意识地觉知到，它们之所以发生，是因为你集中了全新的注意力，这导致你的磁场发生了转变。

当额外的财运出现时，你会发现自己迫不及待地想给最右一列的项目再支付一笔欠款。那笔债务很快就会还清，你就可以把那一列从记账本上删掉。随着你的收入越来越多，远远地超过你的支出，你的欠款将会一列又一列地消失。在你玩这款游戏的第一天，你的财务状况就会得到改善。如果你能认真对待这个游戏，你的金钱磁场会发生重大转变。只要你愿意，就可以在短时间内实现无债一身轻。

负债并没有什么错，但如果你觉得债务是沉重的负担，那么就会对金钱产生抵抗性的磁场。当这个负担被消除，你感到更轻松、更自由时，你的抵抗也就被消除了，现在，你就可以让幸福源源不断地涌入你的体验。

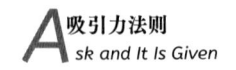

◆ 更多关于"释放抵抗,摆脱债务"的方法

正如我们在方法 17 中提到的,创建一座城堡与制作一个纽扣的能量流动是一样的。这取决于你是在关注城堡,还是在关注纽扣。但和创建城堡一样,制作纽扣同样能令人满足。不管是城堡还是纽扣,只要你把它作为关注的对象,它就会召唤生命的力量。你对生命力量的感受就是生命意义的所在,而你召唤它的原因并不重要。

那么,创造出一股非常积极的财务富足之流,怎么样?非常娴熟地通过观想,让金钱轻松地流经你的体验,怎么样?大方地花钱,给更多的人提供机会,怎么样?还有什么比把金钱重新投入经济体系中,为更多人提供工作机会更好的花钱方式呢?你花的钱越多,就会有越多的人受益,就有越多的人参与到这个游戏中来,与你对接。

你的作用就是利用能量。这就是你存在的原因。你是一个能量流动的生命——一个聚焦者,一个感知者。你是一个创造者,如果你降生到这个对比强烈、容易催生愿望的环境中,却不顺应能量,不让它流向你的愿望,那就是整个宇宙中最糟糕的事情,也真正是在浪费生命。

工作没有高低贵贱之分。每一种工作都是提供集中注意力的机会。你可以在任何工作中获得成就感和满足感,因为你处于思想前沿,无论你从事什么工作,本源都在你体内流动。只要你决定让能量流动,你就能在任何工作中获得快乐。不要选择将灵性与物质进行对立。以物质形式显化出来的种种体验都是灵性的。这一切都是灵性的最终产物。你无须证明什么。你要让自己具有灵性，积极地进行物质创造。

·你的经济恶化并不会让其他穷人受益·

想想几百年前的经济状况。现在发生了什么改变？人类从其他星球运来了更多的资源吗？或者说，随着时间的推移，越来越多的人产生了越来越多的愿望，难道无穷无尽的非物质能量没有满足他们的愿望吗？

我们从来没有听到你们中的任何一个人说："好吧，多年来我的身体一直是健康的，所以我现在决定，我要生病一段时间，让其他生病的人能够好起来。"因为你知道，你健康与否，与其他人是否健康并没有任何关系。你并没有消耗他们的健康，也没有剥夺他们的健康。经济上的富足也是同样的道理。那些成功地产生磁场，与富足的经济状况保持和谐一致，让富足源源不断地涌入自身的人，并没有剥夺其他人的富足。**就算你一贫如洗，也无法让贫困人口脱贫。只有自己的经济富足了，你才能向他人提供帮助。如果你想帮助别人，就尽可能地产生磁场，调整磁场，并提升磁场。**

感谢那些以身作则实现幸福的人。如果你在周围找不到富足的榜样，怎么会知道富足是可能的？这一切都是对比环境的一部分，能够让你的愿望更敏锐。金钱不是幸福之源，但也不是罪恶之源。金钱是人们整合能量而产生的结果。如果你不想获得金钱，就不要吸引它。但我们要告诉你的是，你对有钱人的批评会让你陷入这样的境地：你无法获得自己想要的事物，如健康、清晰和幸福。

如果一想到金钱这个主题，你就感到不舒服，这就意味着你

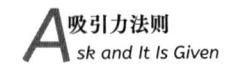

产生了与金钱相关的强烈愿望,这意味着,对你来说,金钱真的非常非常重要。因此,你的工作就是,找到一种既能想到金钱,又能让你感觉良好的方法。但同样有效的是,想想任何其他事情,让自己感觉良好,并吸引这件事。你不必为了吸引金钱而去想金钱。但如果你心里萦绕着对金钱求而不得的想法,就一定吸引不了金钱。

· 快乐的感受才是成功 ·

我们喜欢看到你为别人的成功鼓掌,因为当你真正为别人的成功感到高兴时,才意味着你踏上了成功的道路。许多人认为,成功意味着获得了自己想要的一切。我们说,这是根本无法实现的,世界上并不会发生这样的事情。成功并不意味着一劳永逸。成功指的是一直怀有梦想,并在发展中一直感受到积极的状态。**人生成功的标准不是金钱或物质——成功的标准完全取决于你感受到多少快乐。**

你可以这样说:"当我去观察成功人士(当然包括富有的人,也包括快乐的人)时,发现有的人既富有又快乐。当我谈论成功人士时,我指的是那些真正快乐的人,那些真正快乐并渴望过好每一天的人。在他们中,几乎所有人都无一例外地有一个相当艰辛的开始,这让他们在当初成为一个强大的叛逆者。然后,他们找到了一种方法,让自己放松,享受与生俱来的幸福。"(成功就是快乐地去生活,而快乐的生活意味着一连串快乐的时刻。但大多数人都没有顺应快乐的时刻,因为他们忙于追求快乐的生活。)

·与其"赚取"富足，不如"顺应"自身的富足·

你的行为与你的富足无关！你的富足是对自身磁场的回应。当然，你的信念也是自身磁场的一部分，所以，如果你认为，人的行为在某种程度上促成了自身的富足，那么你就必须消除这种信念。我们希望你把"赚取"这个词从你的词典和认知中完全消除，用"顺应"来代替它。你要顺应自身的幸福，幸福不是你需要去赚取的东西。你所要做的就是确定自己想要体验什么，然后顺应它，这样就能获得它。幸福不是你必须为之奋斗或努力追求的东西。你们都是有价值的生命，你们理应享有这种幸福。

你想要或需要的所有资源都触手可及。你所要做的，就是确定你想用它来做什么，然后练习去体验拥有它时的感受。没有什么是你不能成为、不能做到、不能拥有的；你是蒙福的生命，你降临到这个物质环境中，就是为了创造。除了你自相矛盾的想法，没有什么能阻止你。每当你产生自相矛盾的想法时，你可以通过自己的情绪知道它。生命应该是充满乐趣的——生命应该是让你感觉良好的！你是强大的创造者，你正按计划行动。

尽情去享受，尽量不要去修正；尽情去欢笑，尽量不要哭泣；多一些积极的期盼，少一些消极的期盼。没有什么比感觉良好更重要的事情。就这样去练习，然后去观察发生的一切。

方法 20

把它交给主管

◆— 应用此方法的时机

- 当你觉得有太多事情要做时。
- 当你想有更多时间做自己喜欢的事情时。
- 当你想恢复强大的、与生俱来的创造者身份时。

◆— 当前情绪设定值的范围

当你的情绪设定值处于下述两种情况之间时,这种被称为"把它交给主管"的方法对你最有价值:

(10)沮丧/烦躁/不耐烦—(17)愤怒。

(如果你不确定自己当前的情绪设定值是什么,请回到第二十二章,浏览一下情绪导航量表上的22项分类。)

想象一下,你是一家大型企业的老板,有成千上万的人为你工作。你有生产工人、销售人员,还有文员、会计和顾问,还有设计师、广告专家——成千上万的人都在为公司的成功而努力。

现在，想象一下，你本人没有亲自和这些人一起工作，但你有一个主管跟他们一起工作，你的主管了解他们，向他们提供建议，并指导他们。因此，每当你对某件事情有了想法时，你就会告诉你的主管，他就会说："我会马上处理这件事。"接着，他就会去处理。他非常有能力，高效、精准地完成任务，让你十分满意。

你现在可能会对自己说："我很想有这样的主管——我可以依赖他，他能代表我去工作。"

我们要告诉你：**"你的确有这样一位主管，而且你的主管更优秀。这位主管一直在为你工作，他的名字叫吸引力法则，你只需要提出祈求，这位宇宙主管就会满足你的祈求。"**

但是，你们中的大多数人并不是这样看待这位主管的。虽然你拥有这样的主管，但在内心仍然把责任都揽到自己身上。换言之，你会说："哦，是的，吸引力法则就在那里，但我必须完成所有的工作。"我们会说：**"那么，吸引力法则有什么用呢？"**这就好比你每年付50万美元雇用一位主管，他问你："你需要我做什么吗？"你却回答说："不需要，完全不需要。我很高兴花钱雇用你，让你拥有这个头衔，但我不需要你做事。"与此同时，你却四处忙碌，在电脑上写报表，下建筑工地……把自己累得筋疲力尽，而你的主管却在海滩上晒太阳。

你绝对不会这样做，是吧？你会让主管代劳。你会向主管委派工作，提出要求，期望对方去完成。对待吸引力法则，你也应该如此。以期待结果的态度提出自己的祈求。当你以这种方式进行委托时，你只不过是在运用"自主创造"中要求的两个步骤：你去确定自己的愿望对象，然后顺应宇宙帮你实现愿望。

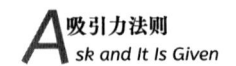

因此，设立目标就如同向宇宙主管委派工作。而散发顺应的磁场，就像站在幕后，相信你的主管会把事情安排妥当，你相信，当需要你做某件事的时候，你的主管就会让你注意到它。换言之，当你需要做出下一个决定时，自己也能觉知到这一点。

你并不是在把自己的生活委托给别人，而是在创造自己的生活。你是一个提出愿景的人，正处于创造的模式，而无须疲于奔命。但是你一直都有很多想要去做的事情。我们绝不是想引导你放弃行动，因为行动是充满乐趣的。在整个宇宙中，没有什么比拥有与自身磁场相匹配的愿望，并且在与本源能量和谐一致的连接状态下，带着奇思妙想去行动更有意思的事情了。这是创造过程的终极延伸——**在整个宇宙中，充满奇思妙想的行动是最有意思的事情。**

方法 21

恢复自然的健康状态

◆ 应用此方法的时机

- 当你感到不舒服时。
- 当你对诊断结果感到不安时。
- 当你感到疼痛时。
- 当你希望感受到更多的活力时。
- 当你对自己的健康隐隐产生恐惧时。

◆ 当前情绪设定值的范围

当你的情绪设定值处于下述两种情况之间时，这种被称为"恢复自然的健康状态"的方法对你最有价值：

（10）沮丧／烦躁／不耐烦—（22）恐惧／悲伤／抑郁／绝望／无力。

（如果你不确定自己当前的情绪设定值是什么，请回到第二十二章，浏览一下情绪导航量表上的 22 项分类。）

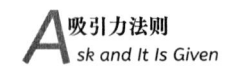

应用这个方法的时候,你要躺在一个舒服的地方——越舒服越好。抽出一段约为15分钟的时间,在这段时间里,你不能被任何人打扰。

现在,把以下这份简短的清单写在你容易看到的地方,当你第一次躺下时,慢慢地读给自己听。

- 我的身体自然会变得健康。
- 即使我不知道该怎么做才能让身体健康,但我的身体知道。
- 我的身体里有数万亿个具有个体意识的细胞,它们知道如何达到各自的平衡。
- 当这种症状开始出现时,我并没有现在这样的认知。
- 如果当时我拥有现在这样的认知,这种症状就不会出现。
- 我不需要了解这种疾病的病因。
- 我不需要解释自己是如何患上这种疾病的。
- 最终,我只需要温柔地释放这种疾病。
- 疾病是如何开始的并不重要,因为它现在正在逆转。
- 我的幸福思想不断获得提升,需要经过一段时间,我的身体才能逐渐与其保持一致,这是很自然的事情。
- 这一切都不用操之过急。
- 我的身体知道该怎么做。
- 对我来说,健康很自然。
- 我的内在生命对我的身体有着复杂的感知。
- 我的细胞正在祈求健康成长所需的养分,而本源能量正在回应这些祈求。
- 我得到了很好的呵护。

- 我现在要放松,让身体与本源能量进行沟通。
- 我唯一要做的事情就是:放松并呼吸。
- 我能做到这一点。
- 我能轻而易举地做到。

现在,躺在那里,享受身体下面的床垫带来的舒适感,专注于你的呼吸——吸气,呼气;吸气,呼气。你的目标是尽可能让自己感到舒适。

在保持舒适的情况下尽量深呼吸。不要强迫自己,也不要勉强自己做任何事情,除了放松下来去呼吸,你什么都不用做。

你的身体很可能开始产生轻柔的感觉。微笑,并且去觉知:这是本源能量在回应你体内细胞的祈求。你现在正在感受疗愈的过程。不要试图去促使或强化这种感受。只是放松下来,去呼吸,并顺应它的发生。

如果在躺下时感到疼痛,你依然要遵循以上的过程。但是,如果你感到疼痛,在你的书面或口头列表上添加以下的话,这会对你有所帮助:

- 这种疼痛的感觉表明,本源正在回应细胞对能量的祈求。
- 这种疼痛的感觉是一个很好的指示器,表明我正获得帮助。
- 我会在疼痛感中保持放松,因为我知道,这意味着情况有所好转。

现在,如果可以的话,慢慢入睡吧。微笑,因为你知道一切都好。呼吸,放松,并且相信。

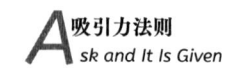

◆ 更多与"恢复自然的健康状态"有关的方法

下次当你感到任何不适的时候,停下来,对自己说:"我感受到的这种不适只不过是因为我觉知到抵抗。我现在应该放松下来,去呼吸,放松并呼吸,放松并呼吸。"几秒钟后,你就能让自己回到舒适的状态。

你身体中的每一个细胞都与创造性的生命力量有着直接的联系,每一个细胞都在独立地做出反应。当你感到快乐时,所有电路都是开启的,因此生命的力量可以被充分接收。当你感到内疚、自责、恐惧或愤怒时,电路就会受到阻碍,生命力量就无法有效地流动。你的身体体验正在监控这些电路,并尽可能保持它们处于开启的状态。你的细胞知道该如何行动,它们正在召唤能量。

你可以改变任何条件,如同你可以重绘任何图画一样。人类环境中有许多制约性的想法,它们会让人觉得,这些所谓的不治之症或不可逆转的病情是无法改变的。但我们说,它们之所以"无法改变",只是因为你相信它们"无法改变"。

· 婴儿怎么会生病呢 ·

人们经常会问:"那怎么解释婴儿呢?婴儿怎么会生病?"我们说,甚至在子宫的时候,婴儿也可能已经处于某种导致他们无法顺应幸福的磁场中。但是,他们诞生之后,如果能够鼓励他们产生顺应健康的想法,他们也可以保持健康的身体。

你自然而然就会处于绝对健康的状态,你自然而然就会处于富足的状态,你自然而然就会拥有良好的感受,你自然而然就能感受到清晰。如果你感到困惑、不足、匮乏或自责，这就是不自然的事情。对你的本我来说，这些都是不自然的。但这些似乎是一种司空见惯的人类模式，你们大多数人都是通过物质途径逐渐习得这些模式的。

当你的身体感到任何不适时，不管你将这种痛苦称为情绪上的还是身体上的，它总是意味着同样的事情："我产生了一个召唤能量的愿望，但我的信念没有顺应它，所以我在身体里制造了抵抗。"释放不适或痛苦的唯一解决方案就是放松下来，并寻求放松的感受。

· 如果你拿到一个恐怖的诊断结果 ·

如果你拿到了自己不想看到的诊断结果，你往往会说："哦，我的上帝！为什么让我如此失望？"我们会说，这根本不是什么大事——只是一系列小事而已。也就是说："我可以选择感觉良好的想法，也可以选择感觉不太好的想法，但我已经形成了一种让自己感受不好的模式。因此，正是每天都没有处于这种接收模式，才让我远离接收模式。"

这就是全部的真相！所以，不要让你所处的任何状态吓到你。它只是某种能量校准的副产品，只会让你更清楚地知道自己想要什么——最重要的是，它让你更敏感地知道自己是处于接收模式，还是被隔离在接收模式之外。

你是在顺应健康，还是没有顺应健康，都与心态、情绪、态度或惯常的想法有关。对人类或动物来说，都是如此，因为你可以一次又一次地为他们包扎伤口，但他们总会找到另一种方式，回归到惯常的思维节奏上。身体上的疗愈实际上就是心灵的疗

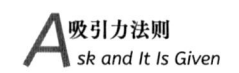

愈。一切疾病都是身心疾病——全部都是如此，没有任何例外。

我们可以给万事万物重新定位，朝着健康迈进。但这需要你下定决心，把你的想法放在感觉良好的事物上。

· 疾病是负面情绪的延伸 ·

肉体的痛苦只是情绪的延伸，两者是一回事。人有两种情绪——良好的感受和糟糕的感受。前者意味着你与能量之流建立连接，后者意味着你没有顺应能量之流。疾病或痛苦只是负面情绪的延伸，当你不再对它产生任何抵抗时，疾病就不会成为问题。

为了让身体成为你想要的样子，你是否必须对它产生特别积极的想法？不必。但你一定不要产生特定的消极想法。如果你再也不去想你的身体，而只是想一些愉快的事情，你的身体就会恢复到自然的健康状态。

只要你产生的愿望在体内召唤生命，你就能舒适、快乐、坚韧、健康地生活。

· 你可以无限期地保留生命的力量 ·

我们的意思是不是说，你可以达到你所认为的人类最佳的状态，而且只要你还在这具肉身里，就可以一直保持这种状态？答案是……绝对肯定的。但这也并不意味着，当达到最佳状态后你就立刻崩溃。而是说，当你达到最佳状态后，就沐浴在生命的甜美之中。那么，为什么这并不是人们常见的体验呢？因为几乎每个人都在环顾四周，并对他们所看到的做出反应。那么解决方案是什么呢？少观察周围，多去想象，少观察周围，多去想象。直到你的想象成为你最熟悉的磁场。

如果你顺应环境继续产生全新的纯净愿望，没有抵抗，就可以无限期地保留生命的力量。你可以启动自己的涡流，不断发现新的愿望，而这些愿望将通过你继续召唤生命的力量。换言之，你的生命变得活泼愉快，而又激情澎湃……然后，在这样的框架下，你能主动决定做出转变。

·关于死亡·

你决定迁移到非物质世界，最好不要是因为觉得物质世界很悲惨，而是因为你在物质世界中获得了圆满感——但你想去寻找另一个有利的位置。死亡是意识的撤回，就像把注意力从一个地方转移到另一个地方。

每一次死亡都是由生命磁场达到顶峰所导致的。这一点没有任何例外。

你是一个存在，一直是非物质的投射，有时候，这种投射进入了你的物质人格。当物质人格在这期生命结束时，就会出现焦点撤回的现象。这就有点像是你坐在这里看电影，你的注意力有时会进入电影，有时又从电影中出来，但无论你的注意力是进入电影还是从电影中出来，你始终还是你。

这里有一条经验法则可以帮到你：如果你相信某件事情是好事，你去做了，它就会给你带来好处；如果你相信某件事情是坏事，你去做了，它将会带来非常有害的体验。没有什么比做一件自己觉得不合适的事情更糟糕的了，所以，无论你做出哪种选择，都要明明白白，开开心心，因为正是你自身的矛盾导致了你磁场中的大部分矛盾。

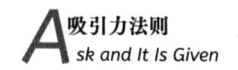

当你做出决定，把注意力集中在自己的愿望上，寻找到感觉良好的那个状态时——你就会立刻找到它。你没有理由在任何事情上受苦或挣扎。

方法 22

改善情绪导航量表值

◆— 应用此方法的时机

- 当你感觉糟糕,很难让感受变好时。
- 当你或身边的人遭遇了不幸时(比如,亲人去世、你和爱人分手、你的狗被撞死了等等)。
- 当你需要处理危机时。
- 当你被诊断出可怕的疾病时。
- 当你的亲人被诊断出可怕的疾病时。
- 当你的孩子或非常亲近的人正在经历创伤或危机时。

◆— 当前情绪设定值的范围

当你的情绪设定值处于下述两种情况之间时,这种被称为"改善情绪导航量表值"的方法对你最有价值:

(17)愤怒—(22)恐惧/悲伤/抑郁/绝望/无力。

(如果你不确定自己当前的情绪设定值是什么,请回到第

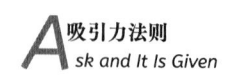

二十二章，浏览一下情绪导航量表上的22项分类。）

因此，你生命体验中的对比帮助你确定自己的偏好和愿望。无论你是否大声表达出来，本源已经听到了你每一个或大或小的偏好和愿望，并对它们做出回应。被称为"吸引力法则"的主管已经安排好了环境、事件、人物和种种其他条件，帮助你实现愿望。换言之，只要发出祈求，就能得到回应，但你在当下必须接纳它。

记住，黑暗、疾病、混乱或邪恶并没有一个非物质的本源。幸福之流一直存在，它一直朝着你流淌过来。除非你产生了某种抵抗，否则你就能充分接收到幸福之流，情绪会帮助你了解你在多大程度上顺应或抵抗幸福之流。换言之，你的感受越好，抵抗就越小；你的感受越糟糕，抵抗就越大。

无论你处于什么状态，无论你正在创造什么，无论你的感受如何，这个改善情绪导航量表值的方法都能帮助你削弱抵抗，从而提升你的顺应状态——每一次轻松的感受都表明你在释放抵抗。

我们想让你明白，"自主创造"实际上就是你主动达到的一种情绪状态。例如：

- 当你没有足够的钱时，你会想拥有更多的钱。但我们希望你明白，你要跨越的距离不是从金钱匮乏到金钱充足，而是从不安全感到安全感。**一旦你训练自己的想法，让自己持续感受到更多的安全感——金钱就一定会随之而来。**
- 在生病时，你希望获得健康，但你要跨越的距离并不是从生病到健康，而是从恐惧到自信。**一旦你训练自己的想法，让自己更自信，身体上的康复就会随之而来。**
- 当你没有伴侣，想找一个伴侣时，你真正要跨越的距离是从孤独感到兴奋或满足感。**一旦你训练自己的想法，让自己感受到兴奋或充满期待，完美的伴侣就一定会随之而来。**

你可能会说：我想拥有一辆新车，但宇宙听到的却是：

我对现在拥有的车不满意。
现在这辆车让我感到尴尬。
我感到失望，因为我没有一辆更好的车。
邻居的车比我的更好，这让我感到嫉妒。
我买不起更好的车，这让我非常愤怒。

你可能会说：我希望拥有健康的身体，但宇宙听到的却是：

我担心自己的身体状况。
我对自己感到失望。
我担心自己的健康。
我担心自己会拥有像母亲那样糟糕的经历。
我为没有更好地照顾自己而愤怒。

你可能会说：我想找另一份工作，但宇宙听到的却是：

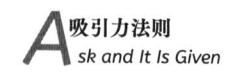

我的雇主没有看到我的价值，这让我感到愤怒。

我感到很无聊。

我对目前的薪水不满意。

他们不理解我，这让我感到沮丧。

有太多事情等着我去做，这让我不堪重负。

你或其他任何人想要的东西之所以会存在，都是因为你们认为拥有它会让自己的感受更好，而不是其他的原因。一旦主动识别出当前的情绪状态，你就更容易理解你选择的想法是让你更接近，还是更远离自己想要的目的地。**如果你将提升感受或情绪作为你真正的目的地，那么你想要的任何事物很快都会随之到来。**

以下是基本的情绪列表（你也可以在本书第二十二章中找到），从抵抗最小的情绪开始，一直到抵抗最大的情绪。如果不同情绪的磁场非常相似，我们就会把它们放在同一个项目里。这些情绪的范围从一个极端（强烈顺应你的本源能量）到另一个极端（强烈不顺应你的本源能量）——它们在量表的一端用"赋能"或"喜悦"来表示，在另一端则用"抑郁"或"无力"来表示。

给这些情绪赋予的词语或名称并不绝对准确，因为即使采用了相同的词，不同的人对情绪的感受也不尽相同。然而，宇宙并不是在回应你使用的词语，而是在回应你的磁场，你的磁场一直在精准地伴随着你的情绪。

因此，在使用这个方法时，能否找到完美的词语来描述你的感受并不重要，重要的是感受到这种情绪，而找到改善这种情绪

的方法则更为重要。换言之，这个游戏完全是为了发现某种想法，让你感到轻松。

你的情绪导航量表看起来像这样：

（1）喜悦 / 知识 / 赋能 / 自由 / 爱 / 欣赏。

（2）激情。

（3）热情 / 渴望 / 快乐。

（4）积极的期望 / 信念。

（5）乐观。

（6）满怀希望。

（7）满足。

（8）无聊。

（9）悲观。

（10）沮丧 / 烦躁 / 不耐烦。

（11）不堪重负。

（12）失望。

（13）怀疑。

（14）忧虑。

（15）责备。

（16）气馁。

（17）愤怒。

（18）报复。

（19）憎恨 / 暴怒。

（20）嫉妒。

（21）不安全感 / 内疚 / 无价值。

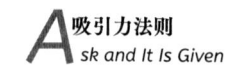

（22）恐惧 / 悲伤 / 抑郁 / 绝望 / 无力。

以下是我们应用这个强大过程的方法：

当你觉知到自己正在感受某种强烈的负面情绪时，尝试确定这种情绪是什么。主动去思考任何困扰你的事情，直到你能确定你所感受到的情绪。

考虑到这种情绪导航量表的两个极端，你可以问自己：我是感到强大，还是感到无力？虽然你实际上可能无法确定自己的感受是这两种情绪中的哪一种，但你可以判断出自己当下的情绪状态偏向于哪一种。因此，在这个例子中，如果你的答案是感到无力，那么就缩小范围，然后问自己：这种感受更接近无力，还是更接近沮丧？你的答案是更接近无力。然后进一步缩小范围：这种感觉是更接近无力，还是更接近忧虑？随着你的继续（无论何种感受都不存在对错之分），最终你就能够准确地说出自己对所处状态的真实感受。

一旦找到了自己在情绪导航量表上的位置，你要做的就是试着去寻找一些想法，让自己从那种情绪中解脱出来。大声说出或用笔写下你的想法，能让你最好地找到自己的感觉读数。当你主动发表一些言论，诱发某种情绪，让自己感到些许放松时，你就会开始释放抵抗，并且提升磁场等级，让自己的感受变得更好。记住，改善感受意味着释放抵抗，而释放抵抗则意味着你能更大程度地顺应自己的真实愿望。

因此，使用情绪导航量表，从你当下的状态开始，观察自己当下所处的情绪状态，然后试着采用某些词语，引导自己进入不那么抵抗的情绪状态。

例如，某位女士发现自己因为父亲的去世而陷入了巨大的抵抗和痛苦之中。尽管她的父亲生前罹患重病，死亡也是意料之中的事，但当她父亲去世的时候，她发现自己陷入深深的抑郁。对父亲不可避免的死亡，她感到无能为力，悲恸欲绝。

在父亲去世前的几天里，这位女士几乎没有离开过他，但后来有一次她因事离开时，父亲就陷入了昏迷，直到最后去世，一直再也没有醒过来。每次想起错失和父亲谈话的最后一次机会，这位女士心中就涌起巨大的内疚感。后来，这种内疚感有了轻微的改善，对她来说，这种改善是一个非常重要的磁场转变，但她并没有主动意识到这一点。接着，她的情绪转变成强烈的愤怒状态。她把注意力集中在另一位女士身上。在父亲昏迷的时候，该女士曾陪在他身边，并给他服用了大剂量的药物（目的是让他更舒服）。对此，她感到暴怒，责备该女士剥夺了自己与父亲最后一次谈话的机会。

较之于她悲恸欲绝的抵抗性磁场状态，内疚、暴怒、愤怒和责备的感受反倒是一种明显的改善。 责备确实让她感觉好一些了——事实上，好多了。至少她现在呼吸顺畅了，也能入睡了。

当然，当你主动去改善情绪状态时，你的感受总会变得更好。但是，即使像这个例子中这样，当你自然而然、不知不觉地发现情绪得到了改善时，**每一次改善都会让你获得进一步的改善。**

一旦你发现愤怒和责备能让你从无力和悲伤的窒息情绪中解脱出来，你就能更快地提升磁场等级。从（22）悲伤到（21）内疚，到（18）报复，到（17）愤怒，到（15）责备，哪怕只提升一个磁场等级，你也可能需要花一两天的时间，但你可以在非常

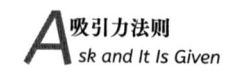

短的时间内，重新找回你与本源的连接，找回被赋能的感受。

下面是一个例子，这位女士可以通过有意识的陈述，提升她的感受：

我想尽一切办法帮助父亲，但这还不够。（悲伤）

我很想念我的父亲。我无法忍受他的去世。（悲伤）

我怎样才能安慰我的母亲呢？（绝望）

每天早上醒来，我首先就会意识到父亲已经不在人间了。（悲伤）

我当时不应该回家洗澡。（内疚）

我应该待在那里，这样我就可以跟他道别。（内疚）

我应该意识到他即将离世。（内疚）

我没日没夜地守在那里，还是没能跟他道别。（暴怒）

和他在一起的那个女人很清楚发生了什么。（暴怒）

如果我跟她对换，我让她的父亲陷入昏迷，她会怎么想？（报复）

她陪过很多临终的病人，应该提醒我，让我知道父亲快要离世了。（愤怒）

我觉得她知道情况，但不想让我在场。（愤怒）

她给我父亲吃了过量的药，只是为了让她自己更轻松。（责备）

我真希望能和父亲道别。（失望）

有太多琐碎的事情需要我去处理，而我却什么都不想做。（不堪重负）

我忽略了生活中的很多事情；我需要重新整理一下，让事情

井井有条。（不堪重负）

医护人员对病人和临终者的家属麻木不仁。（沮丧）

他们不怎么在乎我的感受，更关心什么时候拿走氧气瓶。（烦躁）

多花点时间陪伴家人会很好。（满怀希望）

重新投入工作的感觉很好。（积极的期望）

我知道，随着时间的推移，我的感受会变得更好。（积极的期望）

我不知道自己是否还能像以前那样，但我知道我会慢慢好起来。（积极的期望）

我有很多事情要做，也有很多事情想做。（积极的期望）

我非常期待脸上挂着真诚的微笑，并且能够开怀大笑。（积极的期望）

我非常感谢丈夫，他在很多方面都帮了大忙。（欣赏）

我非常感谢所有关心我父母的人。（欣赏）

我感激我的姐妹们。我们都爱我们的父母，我们也都彼此相爱。（欣赏/爱）

综上所述，我们在过去和现在都过着非常美好的生活。（欣赏/爱）

死亡是生命的一部分。（知识）

我非常喜欢他这次壮美的体验。（喜悦）

我很高兴能知道万事万物是如何和谐地结合在一起的。（喜悦）

有这样一位出色的男人做我的父亲，我感到很高兴。（喜悦）

已经发生的一切都好。（喜悦）

现在发生的一切也都很好。（喜悦）

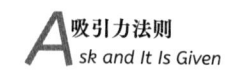

记住，你无法接触到远离你当前磁场状态的情绪。虽然你可能花了一整天尽情表达自己陷入的情绪状态，但在第二天，即使你的情绪只有微小的提升，你也要尽量建立一个不同的设定点。

如果你感受到的负面情绪很轻微，你就能迅速改善情绪导航量表值。如果你所感受到的负面情绪是最近才开始的，那么你的情绪导航量表值也能迅速获得改善。如果你正在经历一件极其严重的事情，或者这件事情已经困扰了你很多年，那么可以想象，你可以用22天的时间来改善自己的情绪导航量表值，每一天都主动去选择一种比目前感觉更好的情绪。但是，较之于你认识的那些多年来一直处于悲伤、不安或无力状态的人，你花22天时间从无力转变为赋能的状态，这根本不算很长的时间。

既然你明白了自己的目标是获得让自己感受更好的情绪，我们期望，通过这个方法，你能从困扰多年的负面情绪中解脱出来。当你逐渐温柔地释放在不知不觉中积聚起来的抵抗时，你将开始体验到，在人生旅途的一切困境中，你的生命体验将不断获得提升。

结 语

对这一切要淡然处之。你一直把生活看得太严肃了。你也知道,生活本来就应该充满乐趣。

看着你在生命过程中一直创造,我们对你满怀爱意,欣赏你的一切。你是身处前沿的创造者,在这个前沿环境的奇妙对比中,你进行筛选,不断得出全新的结论,召唤生命的力量,向前迈进。你的价值难以用语言表述。

我们强烈希望你能回到自我欣赏的状态。我们希望你能感受到对生命的爱,对世人的爱,最重要的是,对自己的爱。

在此,我们满怀对你的大爱。

好……现在……就此结束。

词汇表

本源（Source）：永恒扩展的幸福磁场之流，一切万有皆源于此。

本源能量（Source Energy）：永恒扩展的幸福磁场之流，一切万有皆源于此。

本质（Essence）：具有匹配特征的磁场属性。

不堪重负（Overwhelment）：在专注于自身愿望的同时，也专注于求而不得的状态。

创造性能量（Creative Energy）：万事万物存在的基础电流。

创造者（Creator）：创造性能量的聚焦者。

磁场（Vibration）：万事万物彼此之间做出的和谐或者不和谐的反应。

磁场和谐（Vibrational Harmony）：视角的和谐。

磁场匹配（Vibrational Match）：视角的和谐。

磁场频率（Vibrational Frequency）：磁场的状态。

导航系统（Guidance System）：当你与本源保持一致或者不一致时，你的生命能量状态产生的比较性感受。

法则（Laws）：永远一致的回应。

非物质（Non-Physical）：永恒意识，也是一切物质和非物质的基础。

接收模式（Receiving Mode）：生命的磁场状态，没有抵抗，因此与本源保持绝对一致。

渴望（Wanting）：从任何比较性体验中产生的自然愿望。

连接（Connection）：与你的本源保持磁场一致。

冥想（Meditation）：心灵安静下来的状态，在这种状态下，没有任何抵抗性思想。抵抗性思想无法在磁场上与自身本源保持一致。

内在生命（Inner Being）：你的永恒部分，能感知到你过去和现在的一切。只要你"顺应"内在的生命，就能随时获得相应的视角。

能量之流（Energy Stream）：这种电流运动是万事万物存在的基础。

你（You）：一种永恒的意识，它能从更广阔的非物质视角、物质视角，甚至细胞视角进行感知。

你的本我（Total You）：在你的人类形态中，你处于一种感觉良好的状态，因此没有任何抵抗导致你与真实的自我分离。

情绪（Emotion）：身体对磁场状态的生理和本能反应，该磁场状态是由你关注某个事物引起的。

情绪导航（Emotional Guidance）：当关注不同事物，产生感受时，你对自身吸引状态的觉知。

情绪设定值（Emotional Set-Point）：你最频繁练习过的情绪。

生命（Being）：聚焦于某个明确视角的本源能量。非物质生命是从非物质角度感知到的意识。物质生命（人类生命）是通过物质视角感知到的非物质能量。

生命力量（Life Force）：特别集中的永恒意识。

顺应（Allowing）：与来自本源的幸福保持一致的状态。将你的注意力集中在那些会让你散发磁场的事物上，从而"顺应"自身与自然的幸福本源建立连接。容忍与顺应是完全不同的。容忍是当你看到不想要的事物，感受到这种视角的磁场证据时，有意不采取任何行动。顺应则是主动关注一种事物，而这种事物将导致与本源一致的磁场。当你处于顺应的状态时，就会一直感觉良好。

顺应的技术（Art of Allowing）：主动选择关注对象的实践过程，敏锐地觉知到这一视角给你带来的感受。通过主动选择感觉良好的想法，你就能在磁场上与幸福本源保持一致。

思想前沿（Leading Edge of Thought）：带着全新探索的意图，放松并主动考虑各种想法的状态。

吸引力法则（Law of Attraction）：你的世界、宇宙和一切万有的基础。具有同类磁场的事物会相互吸引。

幸福（Well-Being）：感觉良好的普遍自然状态。

幸福之流（Stream of Well-Being）：永恒扩展的幸福磁场之流，一切万有皆源于此。

一切都好（All Is Well）：一切万有的基础都是幸福。除了幸福，没有其他任何本源。如果你认为自己当前的体验并不幸福，那只是因为你所

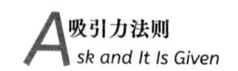

选择的视角让你暂时无法接触到自然流淌的幸福。

意识（Consciousness）：觉知。

宇宙（Universe）：可量化的空间体验。

愿望（Desire）：生活在对比环境（这包括所有环境）中的自然结果。

自我（Self）：每一个意识点就是一个自我。一切认知都是从这样的意识点流淌出来的。

自主创造（Deliberate Creation）：有意识地觉知到自身存在的磁场状态，并觉知到与本源的连接，同时聚焦于自己想要做的事情。

自主创造法则（Law of Deliberate Creation）：意图产生与自身愿望和谐一致的感受来主动集中思想。

作者简介

杰里·希克斯和埃斯特·希克斯的指导非常清晰，并且很实用。从 1986 年开始，他们便向少数几个关系密切的商业伙伴透露他们的神奇经历。

杰里和埃斯特不仅自己身体力行，还解答人们提出的与财务、健康和人际关系等方面有关的一些有意义的问题，发现实际效果不错……他们成功地将答案应用到自己的生活中——经过深思熟虑，他们决定，让指导惠及越来越多的人，向人们提供答案，让人们过上更美好的生活。

自 1989 年以来，杰里和埃斯特以得克萨斯州圣安东尼奥会议中心为基地，每年访问约 50 个城市，举办"顺应的技术"互动式工作坊，让一群领袖人物聚在一起，共同体验这一进步的思想潮流。尽管全球范围内的前沿思想家和老师都对这一幸福哲学给予了关注，并将许多理念融入他们的畅销书、剧本、讲座等活动之中，但这一哲学的主要传播方式依然是人与人之间的传播——人们开始在自己的生命体验中发现了这种实践的价值。

希克斯夫妇介绍了更广阔的视角，他们通过一系列精彩、简明的文字和声音，充满爱和顺应，引导人们通过爱与内在的生命建立清晰的连接，并从人们的本我中为其赋能。

如今，希克斯夫妇已经发布了系列的书籍、磁带、CD 和视频超 600 种。人们可以登录他们内容丰富的网站（**www.abraham-hicks.com**），与他们取得联系，也可以写信至以下地址：Abraham-Hicks Publications, P.O. Box 690070, San Antonio, TX 78269。